〔増補改訂版〕

自治体職員のための 文書起案ハンドブック

DRAFTING DOCUMENTS HANDBOOK

ひろしまね自治体法務研究会
澤 俊晴
TOSHIHARU SAWA

第一法規

はじめに

自治体職員は、各種届出の受付、許認可、公有財産の管理、物品調達・工事請負などの契約、税・使用料・手数料等の公金の収納、補助金交付など、様々な事務を行っています。そして、これらの事務は、行政法から私法に至る幅広い法令に基づいて執行されています。

しかし、自治体の現場では、時間的な余裕のなさもあって、しばしば、前例を踏襲し、マニュアルを頼りにした事務処理が行われています。そのため、事務処理の法的根拠や適法性などを個別に確認する「くせ」がなかなか身に付かないといわれています。

あってはならないことですが、違法な事務処理をしているにもかかわらず、これまで運よく、不服申立てや訴訟が提起されなかったおかげで、その状態が継続している事例があるかもしれません。しかし、いつまでもそのような運が続くとは限りません。自治体職員には、運に頼るのではなく、適切な事務処理を行うための文書処理能力と法務能力を身に付けることが求められているのです。

どうして起案に着目するのか

起案は準備で8割が決まる！ × 原案には8分の利がある！ ＝ 行政活動は起案者の力量次第！

本書は、いわゆる公文書の書き方を説明したものではありません。新人職員だけでなく、中堅職員にも役に立つよう、自治体職員ならば必ず行う「起案」に着目して、文書・法務についての必要な知識を、やや法務に軸足を置きつつ説明しています。

起案に着目する理由は、通常、行政の活動は起案によって実現されることから、起案のよしあしがその自治体の行政レベルを左右するためです。

本書を読んでいただければ、自治体実務の現場で必要な文書・法務の知識を身に付けることができるはずです。

著　者

増補改訂版の出版にあたって

本書『自治体職員のための文書起案ハンドブック』は、初版出版後3年が経ちました。本書の特長は、自治体職員にとって基本中の基本である文書作成や起案について、法務の観点を取り入れて丁寧に解説している点にあり、類書が少ないこともあって、自治体職員の皆さんに好評をもって迎えられ、この度、増補改訂版を送り出すことができました。

この増補改訂版では、平成27年4月1日施行の改正行政手続法や、平成28年4月1日施行の行政不服審査法の全部改正に対応した改稿だけでなく、マイナンバー制度の開始でさらに重要性が増している個人情報保護制度や、情報公開制度などについても新たに追加して解説しています。

また、研修会などで要望の多かった公用文作成時の留意点や、漢字使用のルールといった、より基礎的な内容も盛り込んでいます。

そのほかにも、従来からある各項目についても記述内容を見直し、解説を追加したり、あるいは書き直すなどしています。

読者の皆さんにとって、初版よりも「よりカユいところに手が届く」ものになっていると思います。本書を読んで「使って」いただければと希望しています。

著　者

自治体職員のための文書起案ハンドブック
〔増補改訂版〕
——目次

はじめに
増補改訂版の出版にあたって

第4章　起案の際の注意点

第1章

起案とは何か

第1節

これだけは知っておこう！　起案に必要な予備知識

1　起案って何だ!?　●起案

起案とは、「事務文書などの基になる案や文をつくること」です。

もう少し詳しく述べると、自分が担当している仕事について、上司の意思決定が必要な場合に、その意思決定の内容を記載した公文書の案をつくる、つまり「案」を「起こす」ということを意味しています。

そして、その「案」を起案文書（自治体によっては、「稟議書」・「発議書」・「回議書」ともいいます）という形にして、上司に、さらに必要に応じて他の部署に、順次、審議・承認してもらい、最後に課長や部長あるいは市長といった決裁権者の決裁を受けます。

たとえば、自分が担当する仕事に関して、何らかの会議を開く必要が生じた場合に、どのような会議をいつ開くのか、参加者の範囲をどうするのか、といったことについて「こ

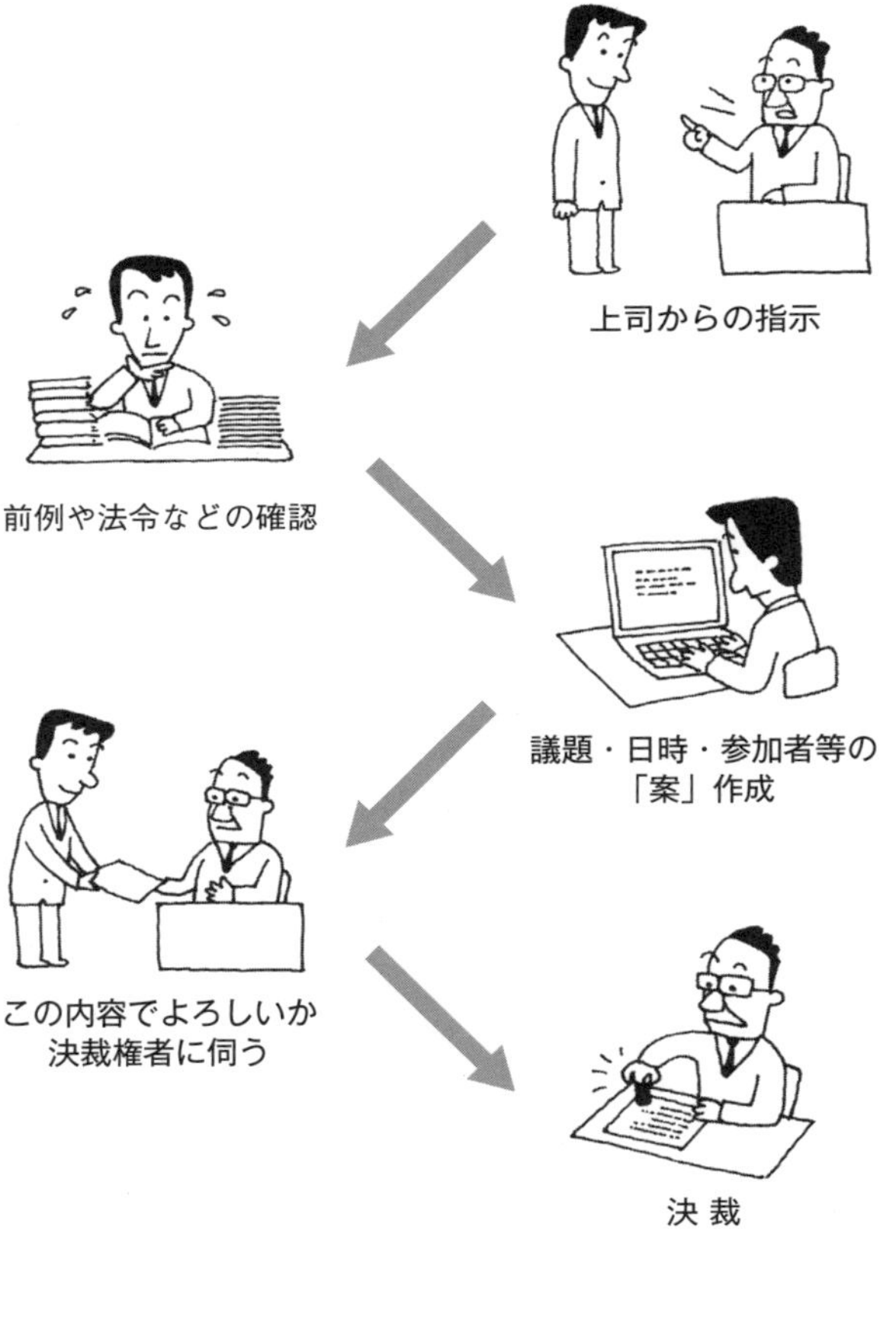

図表1－1　会議の開催を担当している場合

○東京都事案決定規程（昭和47年訓令甲第10号）
（起案）
第15条　起案は、事案の決定権者が、次の表の上欄に掲げる決定区分に従い、自己の指揮監督する職員のうち同表下欄に掲げる職位以上の職位にある者を起案者として指定し、その者に必要な指示を与えて行わせるものとする。ただし、決定権者自ら起案することができる。

知事（第６条の規定により決定する場合の副知事を含む。）	課長（専門課長を含む。）
局長及び部長	課長代理
課長及び課長代理	係員

図表１－２　東京都の起案者の決まり

のように判断し、処理してよろしいか」という「案文」を記載したものが起案文書です（前頁図表１－１）。

この起案文書を決裁してもらうことにより、その内容が初めて組織としての正式な意思となります。

このように、起案という手順を経ることにより、組織としての様々な意思決定が行われます。たとえば、問合せに対してどのような内容の回答をするのか、許可の申請に対して許可するのかしないのか、補助金の交付申請に対して補助金の交付をするのかしないのか、といったことが起案の対象となります。

起案は、前任者などが作成した前例を参照しつつ（以前の「起案文書」の使えるところを転写やコピーして）、先輩や同僚などに相談しながら行うことが多いでしょう。

確かに、以前の「起案文書」を再利用することは、事務の効率化の点では有益です。しかし、そのことによって、自分が行う起案の目的や内容についての理解が不十分になってはいけません。たとえば、上司から、起案の内容について質問を受けた際に「前回の起案がそうなっていたから」という答えでは、０点です。キチンとした答えをするためには、関係する法令を確認し、他の自治体の事例を参考にするなど、起案の目的を達成するためのよりよい手段を検討する姿勢が重要です。

なお、自治体によっては、決裁権者の職位に応じて、起案者が定められている場合があります。たとえば、東京都では、知事が決裁を行う起案は、課長以上の職位にある者が行うとされています（図表１－２）。

2 公文書って何だ!? ●公文書

通常、「文書」という用語は、「口頭」との対比で使われます。文書は、紙などに人の意思を書き記したものということです。

また、刑法上の文書概念では、公文書は、国や自治体の機関や公務員がその名義で、そ

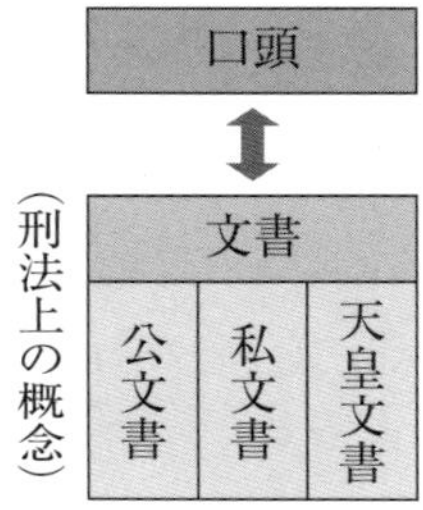

図表1－3　文書の概念整理

の職務の範囲内において、職務上作成した文書とされ、私文書は、公文書以外の文書とされています（なお、この他に、国家機関としての天皇が発行する天皇文書（詔書）があります）（図表1－3）。

　さらに、公文書等の管理に関する法律（公文書管理法）では、職員が作成した文書だけでなく、取得した文書も行政文書と定義しています。

　つまり、公文書とは、狭い意味ではその自治体の職員が職務上作成した文書のことをいいますが、広い意味では職務上取得した文書を含むと考えてよいでしょう。

3　公文書も時代の波にのまれる！　●一昔前と昨今の公文書

　紙の文書は非常に有益なものです。なぜなら、伝達機能（＝意思を確実に他に伝える）と保存機能（＝伝達された意思の継続性を保持し、意思決定の証拠物件となる）のふたつの機能を同時に果たすことができるからです。

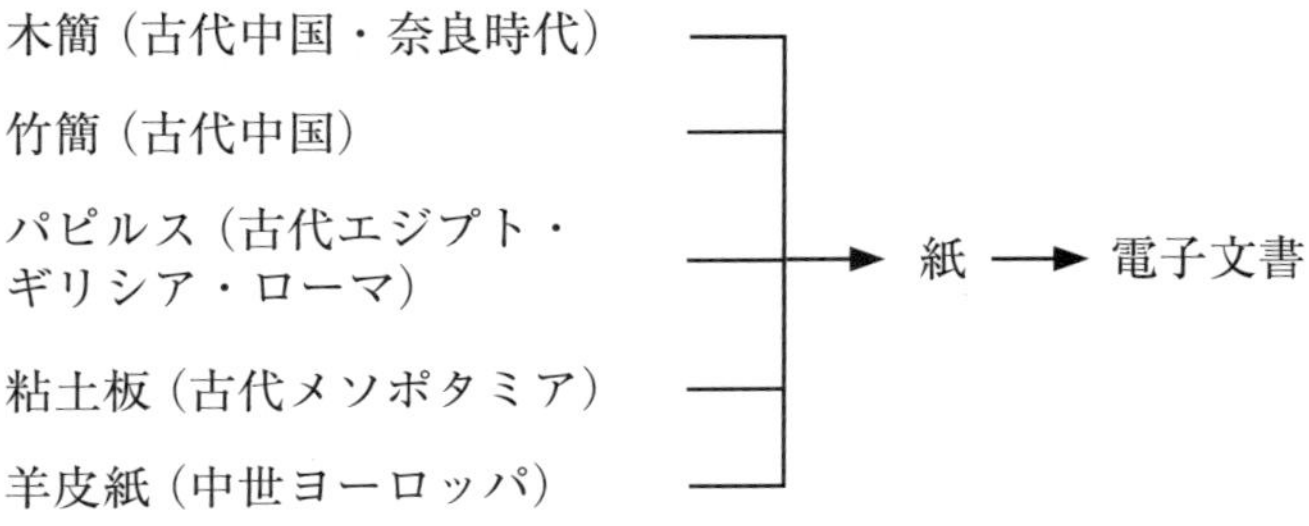

図表1－4　文書の歴史

文書は、このような有益な機能を有しているがゆえに、自治体の仕事は「文書に始まり文書に終わる」といわれてきました。しかし、現在、この「紙」であることを前提とした文書の概念が大きく変わりつつあります。

詳しく述べると、文書は、厳密には、文字又はこれに代わる符号を用い、ある物体のうえに、永続性のある状態で、特定人の具体的意識を記載したもの、と定義されます。

したがって、文字などが書かれる対象は、この定義によれば、紙である必要はなく、「永続性」が確保されてさえいれば、布や粘土板、パピルス、木簡のような木の板、羊皮紙のような動物の皮でも文書といえます。実際、かつては、これらが文書として存在していました。しかし、その後の紙の普及に伴って、その利便性の高さから、文書＝紙が当然のこととなりました。

ところが、昨今では、「電子書籍」の出現に象徴されるような電子化の流れの中で、文書＝紙とは言い切れなくなっています（前頁図表1－4）。たとえば、最近では、庁内ＬＡＮやインターネットといった電子ネットワークを介して、電子化された文書（電子文書）をやりとりすることにより、事務処理が完結することが多くなってきました。具体的には、自席のパソコン端末で「通知文」を作成し、電子決裁により上司の決裁を受け、電子メールにより施行するといった場合などです。この過程では、紙の文書は一度も作成されません。

しかし、先ほど述べた文書の定義からすると、この「通知文」は、文書ではありません。なぜなら、「ある物体の上に、永続性のある状態」で記載されていないからです。そのため、文書管理を貫徹するためにわざわざ電子文書を印刷して、紙の文書にするという笑い話のようなことも行われていました。

電子化の進展の中で、このような不都合が生じてきたことから、多くの自治体では、文書管理のルールを変更し、電子文書も紙の文書と同様に取り扱うようになってきています。たとえば、広島県文書等管理規則では、「文書等」を「職務上作成し、又は取得した文書、図画、写真及び電磁的記録（電子的方式、磁気的方式その他人の知覚によっては認識することができない方式で作られた記録をいう。）をいう」と定義し、電磁的記録＝電子文書も文書として取り扱うことを明確にしています。

4 いいかげんは許されない ●公文書管理法と公文書管理条例制定の動き

少し前に、公的年金記録が社会保険庁に残っていなかった、インド洋派遣期間中の海上自衛隊補給艦「とわだ」の航泊日誌の一部が誤って細断処分されていた、C型肝炎患者のリストが厚生労働省の地下倉庫から発見された、といった問題がマスコミをにぎわしました。国におけるこのような公文書の不適切な管理が社会的な注目を集めたことにより、公文書管理のあり方が見直され、公文書管理法が平成23年4月1日に施行されました。

いらぬお世話な感じもしますが、この法律の中で、自治体も、公文書の適正な管理に関する必要な施策の実施に努めるよう求められています。

そのこともあって、大阪市では、すでに制定していた公文書管理条例の大幅な改正を行っており、熊本県や島根県、札幌市、安芸高田市などでも公文書管理条例が制定されています。その他の自治体においても、公文書管理条例の制定までには至らずとも、より一層の適切な文書管理に向けた取組が行われているはずです。

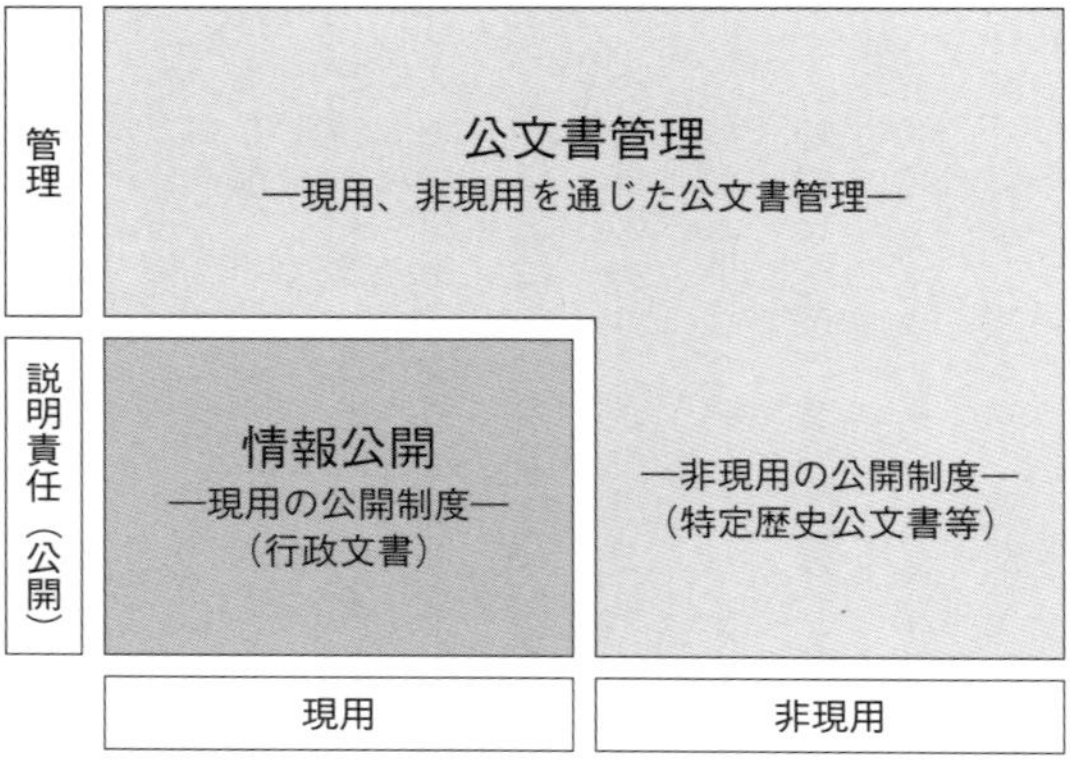

図表１－５　公文書管理と情報公開の関係
（NTT データ先端技術株式会社ホームページ「公文書管理法とシステム化－その１－」を参考に筆者作成）

その際、公文書管理法や公文書管理条例の対象となる文書は、情報公開の対象となる文書よりも範囲が広く、すでに業務上必要でなくなった文書（非現用文書）も対象となることに注意が必要です。したがって、公文書管理法に定められた文書管理と同程度の管理を行う自治体では、非現用文書であるからといって、施行後数年経過した起案文書を自席の周りに放置するといったことは許されません。

なお、公文書管理と情報公開の関係を図示すると図表１－５のようになります。

5　同じ「公文書」でもちょっと違う　●公文書の管理と情報公開

自治体によっては、同じ文書という用語であっても、場面によって使い方が異なる場合があります。具体的には、文書管理の場面では「職務上作成し、取得した文書等」とし、情報公開の場面ではそれに加えて「決裁又は供覧の手続が終了しているもの」として、情報公開の対象となる文書の範囲を限定していることがあります。

なぜ、文書の定義を使い分けているのでしょうか。その理由は、文書管理が、文書事務の適正で能率的な処理を図り、ひいては事務処理全体の正確性、迅速性を確保することを目的としているのに対して、情報公開は、住民の知る権利の保障あるいは自治体の説明責任を果たすといったことを目的としているためです。

つまり、文書管理は、行政の内部管理に着目しているのに対して、情報公開は、行政外部からの視点に着目しているということです。

同じ文書という用語であっても、何に着目するかによって意味が異なりますので、実務では、そのことを前提として、文書を取り扱う必要があります（なお、このように同じ言葉であっても定義が異なるといった事例は他にもよくありますので、言葉の意味には、十分に注意をはらう必要があります)。

6 みせてよいのか、ダメなのか? ●情報公開

情報公開条例が日本で初めて制定されてから、30年以上が過ぎました。現在では、情報公開条例は、ほぼすべての都道府県・市町村で制定されています。

情報公開制度についての知識は、自治体職員が事務を適正に執行していくために、必須のものです。また、文書の取扱いとも密接に関係しています。

情報公開条例は、行政運営の透明性を高める、行政に対する理解と信頼を深める、住民に対する行政の説明責任を果たす、住民の行政参加を促進する、住民の知る権利を具体化する、といったことを目的としています(自治体によって若干の相違はあります)。

そして、その目的を達成するために、行政が組織的に用いるものとして保有している情報(職員が一時的に作成したメモや下書き原稿等は、組織的に用いるものではないので、含まれません。また、前頁で取り上げたように、文書の範囲を決裁又は供覧の手続が終了

しているものに限定している自治体もあります）について、住民からの請求に応じて開示する手続を定めています。

開示の請求ができる者は、自治体によって、住民に限定しているところ、住民に通勤・通学者等を加えているところ、何人（なんびと）でもよいとしているところなど、相違がありますので、自分の自治体の情報公開条例を確認してみてください。

情報公開制度では、開示が原則で、非開示が例外です。したがって、開示の可否の判断は、「どこを開示する必要があるか」ではなく「開示できない部分はどこか」という観点で行います。そのため、文書を作成する際には、開示されることを前提に、適切な記載をする必要があります。

なお、開示できない部分、つまり、不開示情報に該当する事項は、一般的には、法令や条例などで不開示が義務付けられている情報（法令秘情報）、特定の個人を識別できる情報（個人情報）、法人や個人事業者などの事業活動に関する情報で、公にすることにより権利や競争上の地位などを害するおそれがある情報（事業活動情報）、行政の事務・事業の適正な遂行に支障を及ぼす情報（事務事業情報）などとされています。しかし、この点についても自治体によって相違がありますので、自分の自治体の情報公開条例を確認してみてください。

開示請求を受けると、不開示情報に該当する部分がない場合には「全部開示」とし、文書の一部が不開示情報に該当する場合には「部分開示」とし、文書全体が不開示情報に該当する場合には「不開示」とします。さらに、文書が存在しているか否かを答えるだけで、特定の個人の情報が明らかになってしまう場合などは、その文書があるかないかさえも明らかにしない「存否応答拒否」をします。

7 何を守っているのか？ ●個人情報保護

インターネットの普及などに伴って、大量の個人情報が本人の知らないうちに利用され、あるいは、誤った個人情報が流されることによるプライバシーの侵害に対する不安が高まっています。

特に、近年では、行政手続における特定の個人を識別するための番号の利用等に関する法律（マイナンバー法）の施行もあり、住民も関心を持っています。そのため、住民の個人情報を日頃から扱っている自治体職員は、個人情報保護の仕組みを、標準装備として知っておく必要があります。

まず、個人情報の保護に関する法律という法律がありますが、この法律は、５、０００人分を超える個人情報を取り扱う民間事業者等を対象としたもので、自治体は適用対象外です。自治体については、個人情報保護条例が適用されます。個人情報の適正な取扱いを確保するために定められたこの条例は、すべての都道府県・市町村で制定されています。つまり、自治体職員は、個人情報保護条例に基づき個人情報を取り扱うことになります。

個人情報保護条例による保護の対象となる個人情報とは、住所、学歴、職歴、病歴、試験の成績などの個人に関する情報であって、その情報が、どこの誰のものかが分かるものをいいます。それが、プライバシーや秘密に該当するかどうかは関係ありません。なお、自治体によっては、この個人情報に死者に関する情報も含めているところもあります。自治体によって保護の対象範囲に相違がありますので、自分の自治体の個人情報保護条例を確認してみてください。

個人情報の保護にあたっては、まず、個人情報を取り扱う事務の目的を明確にしたうえで、その目的を達成するために必要な範囲内で個人情報を収集し、その目的に沿って適切に取り扱うよう注意しなければなりません。

ただし、個人情報だからといって過剰な反応をする必要はなく、たとえば、捜査機関による捜査事項照会や裁判所による文書提出命令などの法令に基づく場合、他の自治体に対して行政サービスの向上や住民負担の軽減などのための事務に必要な範囲内で提供する場合、大規模災害時の安否確認情報など人の生命、身体、財産の保護のためやむを得ない場合などには、一般的に、本人の同意がなくても個人情報を提供することができます。

なお、個人情報のうち、個人番号（マイナンバー）や個人番号に対応する符号をその内容に含む情報（特定個人情報）の利用は、個人番号利用事務（マイナンバー法及び条例で規定されている社会保障、税及び災害対策に関する特定の事務で、マイナンバーを利用して個人情報を検索、管理する事務）に限定されており、その限定された目的以外の利用は、生命、身体又は財産の保護のために必要がある場合で、本人の同意があるか同意を得ることが困難なときにしか認められないなど、保護のレベルが高くなっていることに注意が必要です。

また、個人情報保護条例では、自治体が保有する自己の個人情報についての開示の請求、開示を受けた自己情報が事実と違っていた場合の訂正の請求、個人情報保護条例に違反した情報の収集や提供がある場合のそれらの利用や提供の停止の請求などが認められています。

気を付けなければならないのは、同じ情報の開示を求めるものであっても、情報公開条例による開示請求と個人情報保護条例による自己情報開示請求とでは、取扱いが異なるということです。

情報公開条例による開示請求制度は、開示請求の対象である行政文書が広く一般に公開されることを前提としているため、開示請求者が誰であっても、同じ取扱いになります。つまり、個人情報に該当すれば、たとえ本人の情報であっても、不開示になります。

それに対して、個人情報保護条例による自己情報開示請求制度は、開示請求者が自己の個人情報の取扱いをチェックするためのものですので、開示請求ができるのは本人（及びその法定代理人など）のみに、また、その対象も、本人の個人情報に限定されています。したがって、赤の他人が請求しても不開示となります。

最後に、近年、職員の不注意や不適切な取扱いによる個人情報の紛失や漏えいが問題になっています。たとえば、多数の宛先にメールを送信する際に、メールアドレスをＢＣＣ欄ではなく誤ってＣＣ欄に入力してしまったというケースや個人情報の記載された文書の紛失などです。

個人情報は漏えいしてしまうと取り返しがつかないため、日頃から、メールを送信する際には再度、宛先を確認する、個人情報が記載された文書を席の離れたコピー機など第三者の目に触れるところに放置しない、庁舎外（自宅など）へ持ち出さない、といったことに注意してください。

第2節

さあ起案だ！でもその前に
起案の準備と起案用紙

1 申請書を受け取ったら ●収受文書の処理

起案は、自らの発意に基づいて行うこともありますが、ほとんどの場合は、住民からの申請や届出などを端緒として行うことになります。

申請書や届出書は、申請者や届出者が持参し、あるいは郵送で送達されてきます。郵送の場合は文書取扱課（総務課など）が、持参の場合は担当課が、収受印を押して到達を確認します。

文書を収受すると、それを審査し、起案するなど、それぞれの自治体の文書管理規則や法令等に従って処理していくことになります。

その際には、収受した文書は、即日（可能な限り）に処理を開始することや、間違って裁断したり、飲料をこぼしたりして文書としての機能が喪失することがないようにすること、担当者不在でも住民などへの対応ができるように、文書の処理状況を明らかにしておくことなどに留意が必要です。

それにもかかわらず、文書を適切に処理しなかったために、職員が処分を受ける事案が後を絶ちません。最近でも、申請書を放置して処理していなかった事例や、上司の決裁を受けずに書類に公印を押印して交付した事例、さらには、情報公開請求に対して公文書を偽造して開示した事例などが報道され、いずれも担当職員は懲戒処分を受けています。

また、許認可などの場合には、申請書が事務所に到達したときは、遅滞なくその申請の審査を開始しなければならないとされています（行政手続法、行政手続条例）。これを審査開始義務といいます。つまり、審査を開始せずに申請書の受理（受付）を拒否したり、申請者の同意がないのに、申請書を返戻するといったことは許されません。

たとえば、許可申請書の審査の結果、必要な記載事項に漏れがあるなど形式上の要件に適合しないことが判明したため、補正を求めたところ、申請者がそれに従わない意思を明確に示したときには、申請書を送り返すのではなく、補正指導をやめて、不許可処分を行うことになります。

２ まずは心の準備から ● 起案の準備

起案を作成するためには、次のような心構えが必要です。

・自分の起案が決裁権者の意思決定になるという意識をもって起案し、起案が回る過程で、誰かが赤入れ（修正）してくれるといった安易な考えは持たないこと。

・受信者（通知の相手方など）の立場になって起案すること。たとえば、短文で書くなど、受信者に意思が正しく伝わるように分かりやすい文章を作成すること。

・発信者（知事や市町村長など）の立場になって客観的な視点から起案すること。つまり、起案の内容は、主観的、個人的見解を述べるものではないということ。

・起案が的外れなものとならないように、起案の目的や理由、根拠などを事前に十分理解しておくこと。

とはいえ、実際には、このとおりの起案をすることは、なかなか容易ではありません。しかし、どれも重要なことですので、できる限り心掛けてみてください。

3　外見も中身もよく考えて　●起案の際の確認事項

起案は、ひとつの事案について行うことが原則です。つまり、1事案1起案です。ただ、許可をすることと、その旨を通知することといったように、ふたつ以上の事案が密接に関連している場合は、ひとつの起案にふたつ以上の事案を含むこともあります。

また、起案文書は内容、形式ともに適正なものでなければいけません。そのため、起案に際しては図表1－6に掲げる事項を確認する必要があります。

4　組み立てルール　●起案の構成

起案は、一般的に、起案用紙を用いて行います。ただし、軽易な事案については、いわゆる余白処理という方法がとられることもあります。余白処理とは、収受文書の余白に処理案を記載して処理することです。また、電子決裁により処理する場合は、起案用紙に記載する事項と同じ内容を文書管理・電子決裁システムに入力することになります。

(1) 形式的な検討 ① 自分の担当する事務についての起案か。 ② 誰の決裁を受けるのか。 ③ 合議先を適切に選択しているか。 ④ 適切な発信者名と受信者名になっているか。 ⑤ 文体、用字、用語などに誤りはないか。 ⑥ 定められた書式に沿ったものになっているか。 ⑦ 発送、公告など適切な施行の方法になっているか。
(2) 内容の検討 ① 法律的な観点 ア 法令や訓令・通達などに違反していないか。 イ 法令などに定められた基準や条件を満たしているか。 ウ 期限や条件を付する必要はないか。 エ 議会の議決を要する場合は議決を経ているか。 オ 消滅時効など時効との関係はどうか。 カ 審議会などの意見を聴く必要がある場合は、その手続を経ているか。 ② 行政的な観点 ア 公益に反する内容になっていないか。 イ 裁量を逸脱・濫用していないか。 ウ 内容が住民や職員に遵守できるものとなっているか。 エ 前例や慣習を調べ、その適否を判断しているか。 オ 時機を逸した処理になっていないか。 カ 経過措置を必要としていないか。 ③ 財政的な観点 ア 予算上の措置を必要とするか。 イ 将来に負担を残す内容となっていないか。 ウ 経費の収入・支出の手続は適正か。 エ 資金前渡など特殊な支出の手続を必要とするか。

図表１－６ 起案の際の確認事項
（『文書事務の手引 広島県』（ぎょうせい、平成16年）27～28頁を基に筆者作成）

起案用紙の書式は、自治体によって異なりますが、一般的には、次のような項目がありますので、そこに必要な内容を記載（あるいは記載したものを添付）します（書式の例は28～30頁図表1－8～10を参照）。

・**標題**＝「件名」としている自治体もあります。標題は、起案の内容が一見して分かるように簡素かつ要領よく記載します。たとえば、〇〇の許可について、〇〇協定の締結について、〇〇の指定について、〇〇補助金の交付決定について、といった一文で記載し、結びは「～について」とし、それに続けて、（制定）、（開催）、（許可）、（申請）、（通知）、（締結）などの起案の性質を表す言葉、あるいは（伺い）という言葉を記載します（自治体によってカッコ書きの記載ルールは異なります）。

・**案の要旨**＝「案の内容」あるいは「伺い」としている自治体もあります。案の要旨は、「第1案により〇〇に対して△△を許可し、第2案によりこのことを通知する。」、「次案により、〇〇を△△に指定する。」、「案のとおり〇〇に対して△△補助金を交付する。」といったように、その起案により実現しようとする内容の結論のみを簡潔に記載します。自治体の中には、いささか時代錯誤な感じがしますが、結びを「してよろしいか。」、「してよろしいか伺う。」とするところもあります。

・決裁区分＝決裁権者を記入します。決裁権者は、決裁規程などにより起案の内容に応じて事前に定められています。
・取扱上の注意＝取扱厳重注意、様式指定、至急（□□会議○月△日開催予定）、市報掲載（○月◇日掲載予定）といった内容を記入します。
・文書分類記号＝文書の整理・保管の便宜のために文書を系統立てて整理した記号・番号です。文書分類番号、文書登録番号などともいいます。通常は、事前に次頁図表1－7のような文書分類表（文書分類基準表）が作成されています。起案用紙に文書分類記号を記載することによって、情報公開請求などで文書を迅速に探し出す必要があるときに、検索が容易になります。
・保存年限＝事前に定められている文書の保存年限を記入します。
・起案年月日＝起案をした年月日を記入します。起案文書の作成に着手した日ではなく、起案文書が完成し、自らの手を離れる日、つまり回議を始める日を記入します。
・決裁年月日＝決裁権者の意思決定の日、つまり決裁の完了した日を記入します。
・施行年月日＝文書の発送日や事案を処理した日を記入します。
・発信者＝発信者の職氏名を記入します。たとえば、○○県知事▽▽、○○市長□□□、

文書大区分	文書中区分	文書分類記号	文書の題名	補足事項
A10（総記）	A100（総記）	A1000	総務	
A10（総記）	A100（総記）	A1001	法規例規	
A10（総記）	A100（総記）	A1002	会議	
A10（総記）	A100（総記）	A1003	計画	
A10（総記）	A100（総記）	A1004	証明	
A10（総記）	A100（総記）	A1005	補助金	
A10（総記）	A100（総記）	A1006	調査研究	
A10（総記）	A101（礼式）	A1010	礼式	祝辞・弔辞を含む
A10（総記）	A101（礼式）	A1011	表彰	賞状・感謝状を含む
A10（総記）	A101（礼式）	A1012	褒章	褒章条例に関するもの
A10（総記）	A101（礼式）	A1013	叙位叙勲	
A10（総記）	A102（県議会）	A1020	県議会	
A10（総記）	A103（請願・陳情）	A1030	請願・陳情	
A10（総記）	A104（事務引継）	A1040	事務引継	
A10（総記）	A105（情報公開）	A1050	情報公開	
A10（総記）	A106（県史編さん）	A1060	県史編さん	
A10（総記）	A107（個人情報保護）	A1070	個人情報保護	
A10（総記）	A108（文書館）	A1080	文書館	
A10（総記）	A109（行政手続）	A1090	行政手続	
A11（法制・文書）	A110（総記）	A1100	法制・文書	
A11（法制・文書）	A111（争訟）	A1110	争訟	
A11（法制・文書）	A111（争訟）	A1111	不服申立て	行政不服審査法その他の法律に基づくもの
A11（法制・文書）	A111（争訟）	A1112	行政事件訴訟	
A11（法制・文書）	A111（争訟）	A1113	民事事件訴訟	
A11（法制・文書）	A111（争訟）	A1114	損害賠償	
A11（法制・文書）	A112（公益法人）	A1120	公益法人	公益法人認定法による法人
A11（法制・文書）	A113（行政書士）	A1130	行政書士	
A11（法制・文書）	A114（文書管理）	A1140	文書管理	
A11（法制・文書）	A114（文書管理）	A1141	公印管理	
A11（法制・文書）	A114（文書管理）	A1142	県報発行	
A11（法制・文書）	A114（文書管理）	A1143	文書管理システム	
（以下略）				

図表１－７　文書分類表の例

〇〇市福祉事務所長△△△といったように記入します。

・受信者＝相手方の職氏名を記入します。

・起案者所属・職氏名＝起案者の所属、職氏名、内線番号を記入します。回議の途中などで疑義が生じた場合に、連絡がとれるようにするためです。

・情報公開の区分＝情報公開請求があった場合に、開示、非開示などの決定を迅速かつ容易に行うため、起案の段階で、その区分を判断して記入します。

・浄書、照合、公印の押印承認＝施行する文書を浄書した者、照合した者、公印の押印承認をした者が押印します。

・理由＝第3章で取り上げます。

・根拠＝第3章で取り上げます。

・予算状況＝起案の内容が予算執行を伴う場合に、経費の概算、予算の款項目、事業名、節、予算額、既執行額、執行予定額、執行予算残額などを記載します。

決裁区分	取扱上の注意	文書分類番号	保存年限
市長　副市長　部長 次長　課長　係長		・　・　・	1・3・5・ 10・30・ 永年・常用

起案　　年　月　日	発信者	受信者
決裁　　年　月　日		
施行　　年　月　日		

浄書	照合	公印の押印承認	起案者	所属　　　（内線　　） 職氏名　　　印

施行方法	□親展　□速達　□書留 □配達証明　□内容証明 □宅配便貨物　□使送　□FAX □電子メール　□手交　□掲示	情報公開の区分 □開示 □非開示　該当条項条例第　条第　号 □部分開示 □時限非開示　解除時期（　　）	非開示・部分開示の理由

決裁	市長　副市長　副市長　部長　次長　課長　係長　係員
合議	部長　次長　課長　係長　係員
標題	○○○○○○○○について（○○）
案の内容	このことについて、次のとおり してよろしいか。
（理由）	
（根拠）	
（その他、経緯・処理方針等）	

○○市

図表１－８　起案用紙（例１）

文書管理番号	
文書分類記号	
保存年限	

起　案：　平成　年　月　日	起案者	所属		内線
決　裁：　平成　年　月　日		職名	氏名	印

標　題
○○○○○○○○○○○○○○○○○○○○○○○○○○○○○○（伺い）

案の要旨
○○○○○○○○について、○○○○○○○○とする。

決　裁　欄

	施行	発送簿の記入	浄書	照合	公印の押印承認	施行方法	施行注意
第　案							
第　案							
第　案							

○○県

※自治体によって様式は千差万別であり、この起案用紙のように項目をすべて網羅しないものもある。

図表1－9　起案用紙（例2）

決裁伺・供覧

(件名)○○○○○○○○○について(○○)		決裁記号・番号	
		○○○第　　号	
(処理案)標記について、別紙のとおり○○○してよろしいか伺います。			
(取扱上の注意)			
受付年月日	平成　年　月　日	決裁処理番号	
起案年月日	平成　年　月　日	保存期間	年
決裁(供覧)終了年月日	平成　年　月　日	保存期間満了日	平成　年　月　日
施行年月日	平成　年　月　日	保存期間満了日(延長)	平成　年　月　日

分類区分	大分類	○○○
	中分類	○○○
	小分類	○○○

公開処理	開示・不開示	不開示理由	
(公開処理上の記事)			
主管課等	○○○局○○課		
担当係等	○○係	起案者・電話番号	・
決裁欄			

○○省

図表１－10　起案用紙（例３）

続いて、通知文（案）、許可書（案）、協定書（案）といった案文を記載するか、添付します。

その他に、起案の内容によっては、今回の起案に至るまでの経緯、起案に関係する調査結果や全体としての処理方針、この案を施行することにより予想される効果、施行後に生じる手続なども記載します。

その際には、詳細な資料とは別に、それらのことを図表も活用して極力1枚にまとめた資料を作成し、添付しておくことが望ましいでしょう。これは、1枚にまとまっていることで、多忙な承認者や決裁権者にも簡潔に起案の内容が伝わり、また、起案者にとっても、1枚にまとめることで雑多な事実や経緯などから重要な事項が絞り込まれ、起案の内容が自分の頭の中で整理されるからです。また、簡にして要を得た文章を作成する訓練にもなります。

なお、承認者や決裁権者の理解と判断を容易にするため、参考資料として、起案文書を作成する際に参考とした資料、参照した法令・例規の抜粋、申請書などの収受文書がある場合はその文書などを添付することもあります。

こうして、起案文書の作成が終わったら、すぐに回議するのではなく、推敲する癖をつけておくとよいでしょう。その際には、たとえば、「これ」や「その」といった指示語とその示す内容とがミスマッチになっていないか、読んで分かりやすいものになっているか、冗長になりすぎていないか、漢字の変換ミスや脱字がないか、といったことを確認しましょう。

第3節

間違いのない公文書を作るために
公用文の作成ルール

1 書き方ルール ●公用文

公文書に使う文章を「公用文」といいます。この公用文の種類、書き方、文体、用字、用語、書式などは、それぞれの自治体の公用文に関する規程（自治体によって題名は異なります）で定められています。

たとえば、公用文の種類として、公示文（条例、規則、告示、公告）、令達文（訓令、指令、通達、依命通達）、往復文（照会、協議、回答、通知、依頼、報告、諮問、答申、進達、副申、申請、届け、建議、勧告）、その他（賞状、表彰状、感謝状、祝辞、弔辞、証明書、議案、契約書、復命書、伺い）といった区分があります。また、文体であれば、ます体ではなく、である体とする、左横書きの読点は「、」ではなく「，」とする、用字であれば、漢字、平仮名及び算用数字を用い、場合によっては片仮名を用いるが、原則としてアルファベットは使用しない、数字を書き表す場合は、左横書きの文章では算用数字を、縦書き文章では漢数字を用いる、見出し符号を付ける場合は、左横書きの文章では(1)、(2)、(3)等の番号を、縦書きの文章では一、二、三等の番号を用いる、などがあります（なお、これらの決まりは、各自治体で異なっていますので注意してください）。

このように、こと細かに定められている理由は、個々の公文書によって文体や形式が異なっていると、その公文書の真偽に疑義が生じるからです。そのため、わざわざ公用文に関するルールを定めているのです。

ところが、中堅職員であっても、かなりの割合の職員が、この公用文作成のルールをあやふやに理解しているようです。新人職員の頃に研修で教わったはずなのですが、その後、ＯＪＴによる復習の機会がなく、不十分な理解のまま公文書を作成しているのでしょう。

たとえば、見出し符号について、自治体によっては図表１－11のようなルールが設けられていますが、好き勝手な見出し符号（ローマ数字や丸数字など）が付けられている文書をよく見かけます。

また、「年月日」や「発信者名」などの配置をどうするかといった書式も、ルール化されています（36頁図表１－12では基本的な通知文の書式の例を掲げています）。

第１　条文形式をとる公用文の条又は項において事物の名称その他の区分を列記する場合には、条項に続けて、左横書きのものにあっては「(1)」、「(2)」、「(3)」等、縦書きのものにあっては「一」、「二」、「三」等の番号を用いて号を置くものとし、号を細別する場合における細部の部分を表す番号及び記号並びにその順序は、次のとおりとする。

1　左横書きの場合

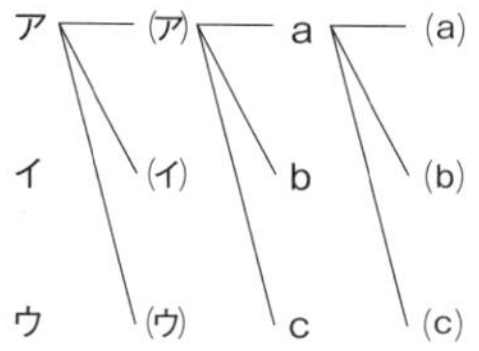

2　縦書きの場合

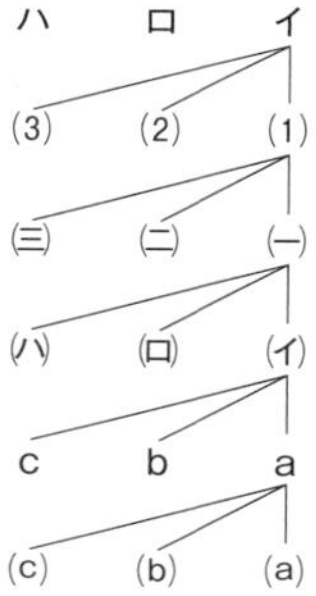

第２　条文形式以外の公用文を細別する場合における細部の部分を表す番号及び記号並びにその順序は、次のとおりとする。ただし、「第１」、「第２」、「第３」等及び「第一」、「第二」、「第三」等の番号は、用いないことができる。

1　左横書きの場合

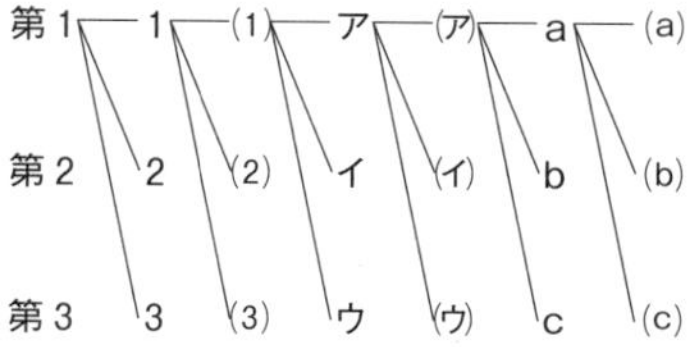

2　縦書きの場合

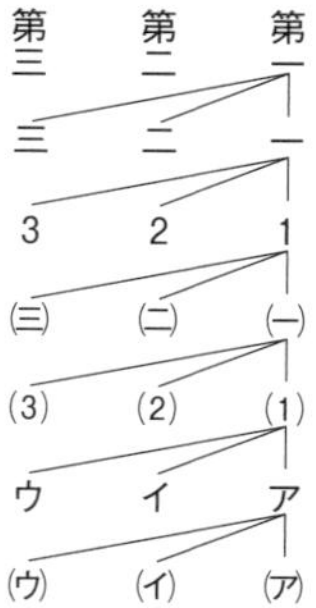

図表１－11　見出し符号の例（広島県）

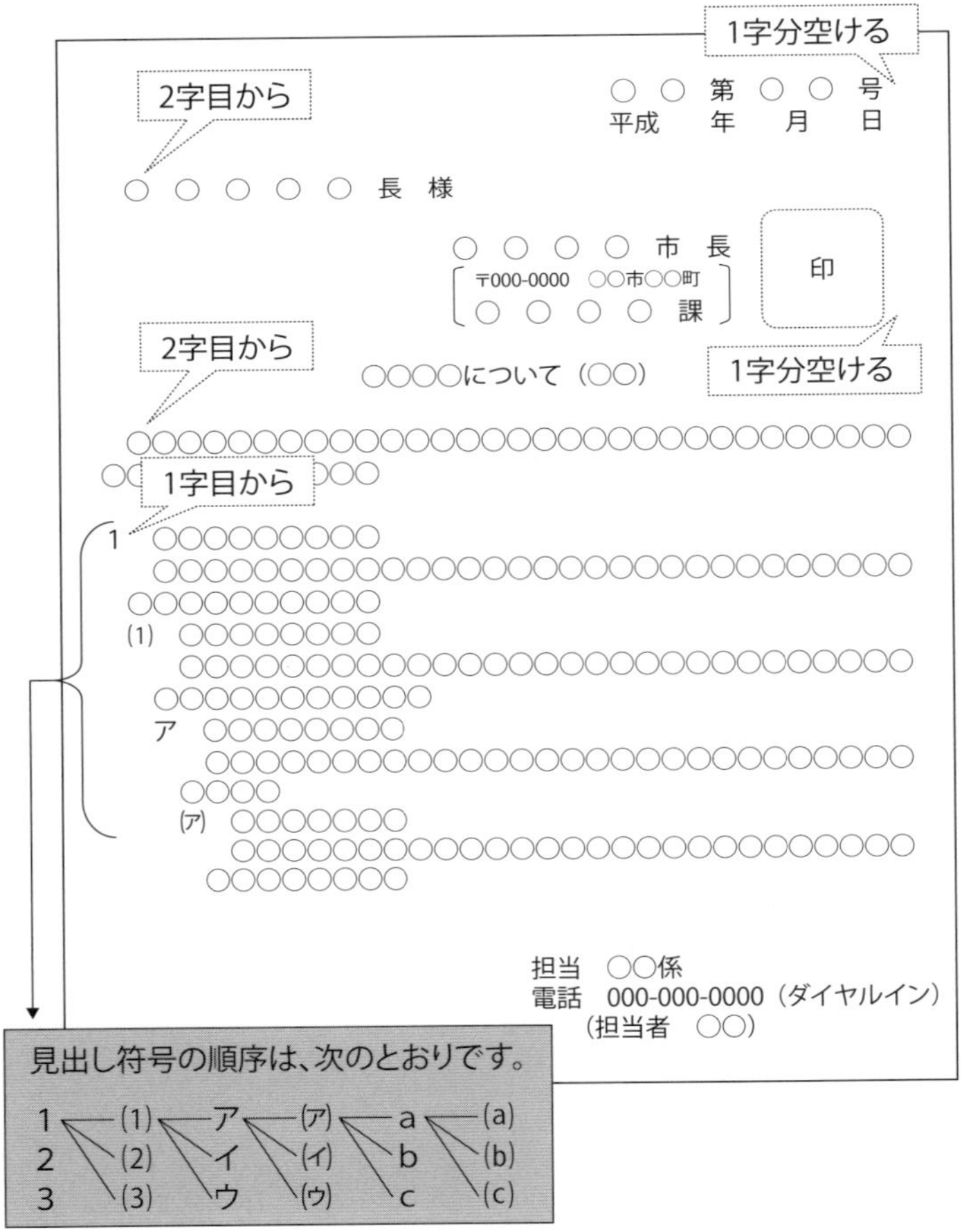

図表１－12　往復文の書式の例（左横書きの場合）

なお、公用文作成のルールについての自治体による相違の例を挙げると、たとえば、職名と氏名を記載する、職名のみを記載する、職名と氏名を続ける、職名と氏名を2行に分ける、敬称に「様」を使う、「殿」を使う、などがあります。公印の位置についても、公印を発信者名に重ならないように押印する自治体もあれば、発信者名の終わりの文字が公印に重なるように押印する自治体もあります。その結果、発信者名の記載の位置も異なってきます。標題の位置についても、4字目といった書き始めの位置を決めている自治体もあれば、ページの幅の中央に揃えて（センタリングして）記載する自治体もあります。

これまで、自分の自治体の公用文に関する規程を読まれたことがない方は、これを機会にぜひ一度、しっかりと目を通してみてはいかがでしょうか。

2 使えるのか、使えないのか ●用字・用語

公用文に用いる表記、文体、用字・用語は、自治体ごとに定められています。「○○市公用文規程」といった訓令で定められているのが通例です。

公用文は、漢字仮名交じり文で書きます。漢字と仮名を交ぜた文章、つまり、私たちが

普段書いている文章を書くということなので、そのこと自体はとりたてて難しいことではありません。

仮名は平仮名が原則で、片仮名を用いるのは例外です。片仮名は、外国語や外来語、外国の地名や人名を表記するときに使います。たとえば、「ラジオ」や「デザイン」、「ケルン」や「カエサル」などです。したがって、「ごみ」は国語ですので、通常、「ゴミ」とは書きません。

そのほか、外国文字は原則、使いません。アラビア文字は国際連合の公用語ですが、書ける人はほとんどいません。英語も原則、使いません。

明朝体	印刷字体	「令」
楷書	手書き	「令」

図表１－13　明朝体と楷書

字体については、プリントアウトするものは、明朝体を用いることが多いようです。明朝体は、その言葉のとおり、中国の明の時代に成立した字体で、版木への掘りやすさを考えて考案された印刷字体です。ただ、最近では、ゴチック体も使われることが多くなってきました。

手書きは、通常、楷書です。明朝体を正確に手書きすることは職人技といえます（図表1－13）。したがって、窓口などで氏名を記入する場合には、通常、「楷書で丁寧に記入してください」といった注意書きがされています。

公用文の用語は、平易で簡潔なものを用います。つまり、特殊な言葉や堅苦しい言葉、古めかしい言葉などは使わず、日常で使われている易しい言葉を用います。

漢字の使用にもルールがあります。原則、常用漢字表（平成22年内閣告示第2号）に載っている漢字だけを使用します。例外として、人名や地名などの固有名詞や専門用語については、常用漢字表にない漢字であっても使用できます。ただし、専門用語については、振り仮名（ルビ）を付します（瑕《か》疵《し》、暗渠《きょ》、埠《ふ》頭など）。

漢字の使用が常用漢字表に載っているものに制限されている理由は、常用漢字表が、一般の社会生活において現代の国語を書き表すための漢字使用の目安を示したものだからです。つまり、常用漢字表に載っていない難解な漢字を用いると、肝心要の公文書の内容が理解されないおそれが生じるためです。そのため、常用漢字表に載っていない場合は、通常は仮名書きにします。ただし、常用漢字表に載っていなくても、意味の似た同じ音の漢字があれば、それを用いて表記することがあります。たとえば、「車輛」、「最尖端」、「雇傭」、「捺印」といった用語は、それぞれ「輛」、「尖」、「傭」、「捺」が常用漢字表にないため、「車両」、「最先端」、「雇用」、「押印」と置き換えて表記しています。

また、常用漢字表では、それぞれの漢字の音訓も定められています。したがって、常用漢字表に字体の載っている漢字であっても音訓が載っていなければ、その音訓で読むときは原則としてその漢字は使えません。たとえば、「予」という漢字は、常用漢字表に載っていますが、読み方は「よ」とあり、「あらかじ（め）」は載っていません。そのため、「予定」といった「よ」と読むときはよいのですが、「予め決めておく」といった「あらかじめ」と読むときは、「予め」とは表記できず、「あらかじめ決めておく」となります。

接続詞も仮名書きしますが、例外として「及び」、「並びに」、「又は」、「若しくは」は漢字を使います。

さらに、「必ず」、「少し」、「既に」、「直ちに」、「全く」、「再び」、「最も」、「専ら」、「大いに」、「極めて」、「辛うじて」、「更に」、「例えば」、「次いで」、「互いに」、「常に」、「初めて」、「概して」、「特に」などの副詞・連体詞も漢字を使用します。ただし、「かなり」、「ふと」、「やはり」、「よほど」などは、それぞれ、「可成」、「不図」、「矢張り」、「余程」と書き表すことができますが、公用文では使用しません。

なお、現在の常用漢字表は、平成22年に、約30年ぶりに改訂されたものです（前回の常用漢字表の改訂は昭和56年）。この改訂により新たに使用可能となった漢字の例は、次頁

図表1－14のとおりですので、公用文を作成する際に参考にしてください。

数字の書き表し方についてもルールがあります。数字は、左横書きの場合は算用数字（アラビア数字）を用い、縦書きの場合は漢数字を用いることは説明しましたが（34頁）、横書きであっても、「ひとつ」、「ふたつ」、「みっつ」などと読む場合（一つずつ、二間続き）や、固有名詞（九州、二重橋、五郎）、概数（数十日、四、五人）、数量的な意味が薄い語（一般、四捨五入）、万以上の数の単位（10億、30万）の場合には、漢数字を用います。

実は、平仮名についても、現代仮名遣い（昭和61年内閣告示第1号）に従って表記するというルールがあります。要は、学校で習う平仮名五十音のことです。たとえば、「ゐ」、「ゑ」は、それぞれ「い」、「え」と書き表します。とはいえ、現在では、「ゐ」、「ゑ」を普段から使用する職員はいないでしょう。

3 できるだけ分かりやすく！ ●作成時の留意点

公用文は、行政の意図を住民などへ伝えるものですから、正しく理解してもらえなけれ

旧	→	新	旧	→	新
あいさつ	→	挨拶	あて先	→	宛先
いす	→	椅子	いんこう	→	咽喉
隠ぺい	→	隠蔽	かぎ	→	鍵
覚せい	→	覚醒	がけ	→	崖
がん具	→	玩具	げん側	→	舷側
けん銃	→	拳銃	さく	→	柵
失そう	→	失踪	焼ちゅう	→	焼酎
処方せん	→	処方箋	じん臓	→	腎臓
進ちょく	→	進捗	整とん	→	整頓
せき柱	→	脊柱	そ及	→	遡及
たい積	→	堆積	はく奪	→	剥奪
とばく	→	賭博	破たん	→	破綻
はん用	→	汎用	はん濫	→	氾濫
ひざ	→	膝	ひじ	→	肘
払しょく	→	払拭	閉そく	→	閉塞
補そく	→	捕捉	補てん	→	補塡
ほ乳類	→	哺乳類	みつばち	→	蜜蜂
明りょう	→	明瞭	ゆう出	→	湧出
すべて	→	全て	さかのぼる	→	遡る
かんがみる	→	鑑みる	かかわる	→	関わる

図表1－14　新常用漢字表で新たに使用可能となった漢字の例

ば意味がありません。そのため、前項で取り上げたように、用字・用語などに配慮することは当然のことですが、文章そのものも、読み手にとって読みやすいものである必要があります。

まず、文章は、なるべく短く区切り、箇条書きを活用します。たとえば、アンケート調査の結果をまとめた文章が、「○○景勝地に訪れた観光客100人に、△△のイメージについてアンケート調査をしたところ、84人から回答があり、その結果、観光客が○○景勝地のイメージを良いとする人が21人、普通だとする人が42人、悪いとする人が21人であった」だったとします。しかし、このままでは、読み手にとってはちょっと分かりにくいでしょう。これを次のような箇条書きにすると、すんなりと読めるようになります。

「○○景勝地△△イメージ観光客アンケート結果

1　アンケート対象者数　100人

2　回答者数　84人

3　回答結果　良い：21人（25％）、普通：42人（50％）、悪い：21人（25％）」

次に、読み手が勘違いすることがないよう、論理的な構成にする必要があります。とはいうものの、論理的な文章を即座に書くことは、よほど頭の良い人でないと無理です。そのため、まず、思いつくままに書き出して、それを再構成する手順で進めるとよいでしょう。

その他にも、次のような点に留意して文章を作成します。

・文章の途中で主語を変えない。

・ひとつの文中にふたつ以上の異なる事項を盛り込まない。たとえば「……するとともに、……します。」といった表現は、「……します。また、……します。」と言い換える。

・主語と述語を対応させる。

・主語と述語が離れすぎないようにする。

・結論や重要な事項を先に書き、理由や補足的なことは後に書く。たとえば、「……といったことから、……を図るため、……を実施します」といった表現は、「……を実施します。これは、……といったことから……を図るためです。」とする。

・二重否定は用いない。たとえば、「否定しないこともない」という二重否定の文は、否定しているのか、そうでないのか、よく分かりません。

・「が」、「ので」の使用はできるだけ避け、「しかし」などの接続詞を用いることで文を短く区切る。

・一般に普及していない表現や略語、専門用語は、できるだけ使わない（たとえば、「ファミリー・フレンドリー」、「納通」（納入通知書）など）。

文語調の表現も、用いないようにします。たとえば、「いまだ提出なき課」は「まだ提出していない課」と、「理由の如何を問わず」は「どのような理由があっても」と、「中型乃至小型」は「中型又は小型」と、「可及的速やかに」は「できるだけ早く」と、「期日厳守の上」は「必ず期日までに」と、「善処します」は「適切に処理します」と、「思料する」は「考える」と、「勘案し」は「よく考えて」といった表現に置き換えるのが適当です。

4　ハンコは大事 ● 公印

起案が決裁となり、浄書（決裁文書を清書すること）と照合（浄書した文書と決裁文書を照らし合わせて確認すること）を済ませると、公印を押印します。公印とは、公文書に用いる印鑑又はその印影のことです（回議、決裁又は合議の際に押印する個人の印は、公印ではありません)。公印が押印されているということは、その公文書が真正に成立したものであることを示しています。

通常は、各自治体の公印規則あるいは公印規程に、公印の種類や印刻文字、書体、寸法などが定められています。公印の種類の数は、自治体によって異なりますが、大きく、庁印と職印に分けられます(図表1－15)。

庁印は、自治体やその内部組織の名称を明示したもので、「○○市印」や「○○市△△事務所印」といった印刻文字のある印のことをいい、職印は、首長やその補助機関(副町長など)の名称を明示したもので、「○○市長印」、「○○副町長印」、「○○市△△事務所長印」、「○○市局長印」あるいは「建築主事印」といった印刻文字のある印のことをいいます。これらは、発信者名に応じて使い分けます。

5　押すべきか、押さざるべきか　●押印の見直し

通常、公文書には公印を押すこととされています。しかし、たとえば、次に掲げるような公文書については、公印は押さないとしている自治体もあります。

1　庁印

区分	寸法
	mm
市印	方35
刷込専用市印	方24又は方12
区役所印	方35
その他の庁印	方30

2　職印

区分	寸法
	mm
市長印	方27
局区専用市長印	方27
辞令専用市長印	方21
表彰専用市長印	方35
刷込専用市長印	方21又は方15
公債刷込専用市長印	径21
市長職務代理者印	方27
刷込専用市長職務代理者印	方21又は方15
出納専用市会計管理者印	径17
刷込専用区長印	方21又は方15
刷込専用福祉保健センター長印	方21又は方15
刷込専用土木事務所長印	方21又は方15
その他の職印	方21

（備考）　専用公印（これらの表に専用公印として掲げられているものを除く）の寸法は、用途、字数等により適宜変更することができる。

図表1－15　公印の寸法などの例
（横浜市公印規則（昭和36年横浜市規則第50号））

・部内者に対する往復文
・図書、刊行物、ポスター、資料などの送付の通知文書
・定例的又は形式的な照会文や回答文書
・会議、行事、催し物などの開催の通知文書
・案内状、礼状、挨拶状などの文書
・祝辞、弔辞その他これに類する文書

また、近年では、事務の簡素化を進めるために、原則として公印を押さず、例外的に、法令の規定により公印を押さなければならないもの、権限行使のために施行するもの、不服申立てに関するもの、その他公印を押さざるを得ない特別な事情があるものだけに押印するという自治体もあります。

コラム

公文書管理の変革期

平成21年7月1日に、公文書等の管理に関する法律が公布されました（平成21年法律第66号）。この法律では、適正な文書管理が行われるように、省庁横断の統一的な文書管理のルールやその運用をチェックする仕組みの導入などが行われています。

また、電子決裁や電子文書が登場し、文書自体の概念について大きな変化が起こっています。

さらに、最近では、ほとんどすべての自治体で情報公開条例が制定されたことから、情報公開に対応した文書管理も求められるようになっています。

公文書を取り巻く環境

第2章

起案文書の内容

第1節

イロイロな中身がある

内容

起案の内容は行政活動の多様さから非常に広範囲にわたるため、ここでは幾つかの代表的な事例について説明します。

1　伝える　●通知

通知とは、特定の相手方に対し、一定の事実、意思、処分を知らせることです。特定の相手方に対し知らせる点で、広く一般の人びとに知らせる公布や公告と異なっています。通知文の例は、図表2－1のようになります。

通知は、事実行為としての通知と法的効果が付与される通知に分けられます（54頁の図表2－2）。

事実行為としての通知とは、会議を開催する、計画を策定した、試験を実施する、といった、単にある事実を知らせるものです。しかし、単にあることを知らせるだけの通知

〇〇〇第〇〇〇〇号
平成〇〇年〇月〇日

〇　〇　〇　〇　様

〇〇〇県〇〇部長

〇〇〇要綱等の改正について（通知）

このことについて、別紙のとおり改正しましたので、この旨周知するようお願いします。

1　改正後の要綱等の施行日：平成〇〇年〇月〇日
2　新旧対照表内訳
(1)　〇〇〇〇要綱
(2)　〇〇〇要綱

担当　〇〇課〇〇
電話　××－××××－××××

図表２－１　通知文の例

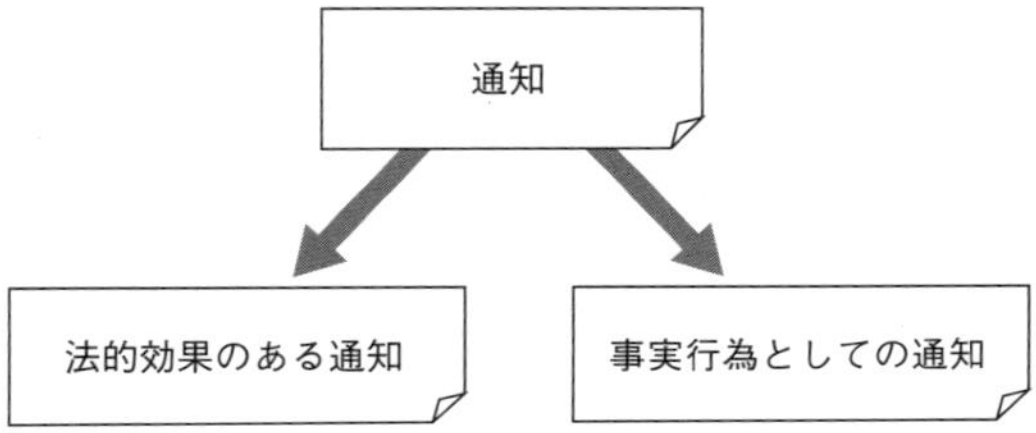

図表２－２　通知の分類

であっても、誰の決裁が必要なのか、公用文として適切な用字・用語・形式となっているか、などを確認して起案する必要があります。

法的効果が付与される通知とは、期限内に税金を納めない人に対する督促状の送付＝督促の通知のように、その通知をすれば、滞納した人の財産の差押えができるといった法的効果が付与されているものをいいます。代執行の戒告などもこれに該当します。

法的効果が付与される通知は、その法的効果を正しく発生させるために、形式や内容などに誤りがないよう特に注意をして案文を作成する必要があります。

なお、話がそれますが、最近では、広く一般住民を対象とするイベントのちらしや相手方が視覚障害者であることが特定できる福祉関係の通知文書に、音声コード（専用の読み上げ装置に読み取らせることで音声に変換することができるコード）を貼付する動きが広がっています。それぞれの自治体で音声コードの貼付がルール化されている場合もありますので、自分の自治体の取扱いを確認してみてください。

2 お返事をください ●照会・回答

照会とは、特定の相手方に対し、一定の事項を問い合わせることで、回答とは、それに応答することです。たとえば、他の自治体から自分の担当している仕事に関する実施状況についての問合せ＝照会を受け、それに対してその状況を取りまとめて応答＝回答するといったようなことです（次頁図表2－3）。

照会には、照会の内容や誰に回答するのかによって、重いと感じる照会もあれば、軽いと感じる照会もあるでしょう。しかし、照会は、その軽重にかかわらず、法的には次の4つに分けて説明することができます。

第1は、照会の根拠が法令にあるものであって、自治体が「固有の資格」において受けるものです。つまり、自治体であるがゆえに受ける照会で、一般私人が受けることのないものです。

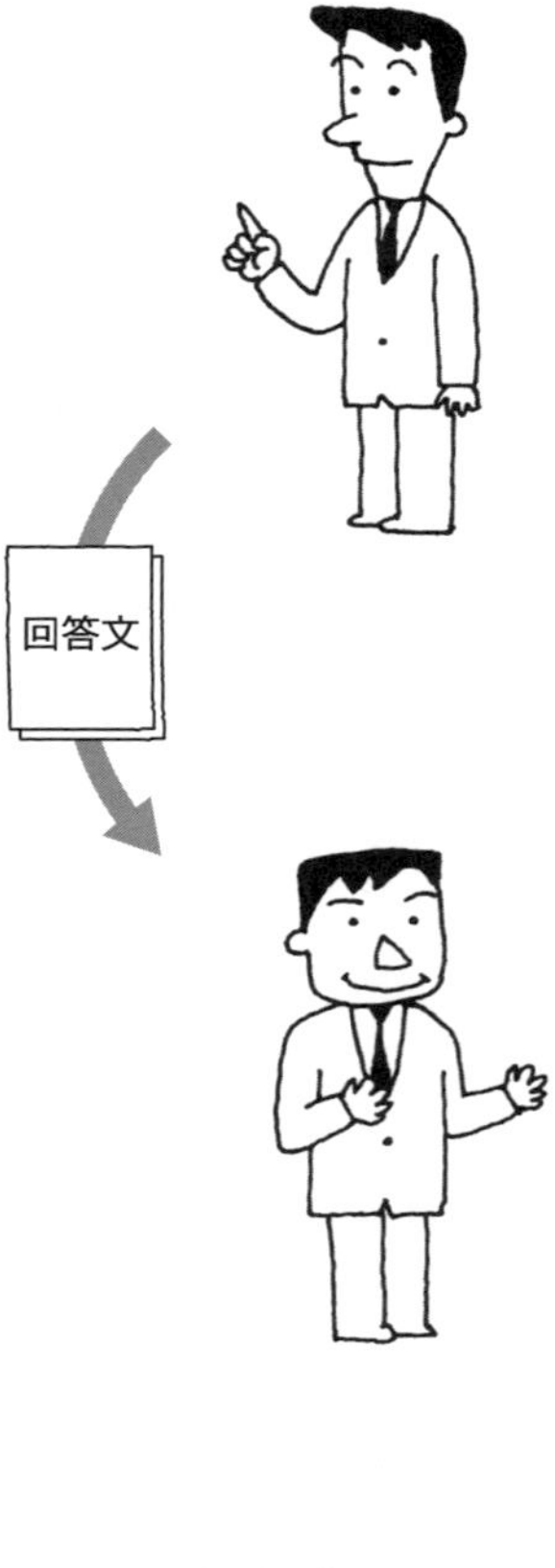

図表２－３　照会・回答（往復文）

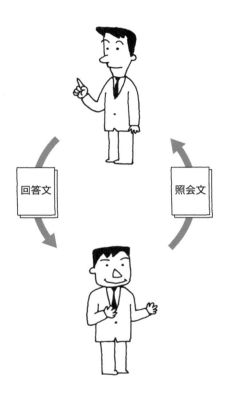

このタイプの照会は、地方自治法に定める資料の提出の要求が典型ですが、それ以外にも多くの個別法に照会の規定が設けられています。この照会に対しては、通常、尊重する義務はありますが、回答しなくても違法とはなりません。しかし、現実には回答することが通例です。

第2は、自治体が一般私人と同じ立場で法令の規定により受ける照会です。たとえば、バス事業を経営している自治体が、民間バス会社と同じ立場で道路運送法による報告を求められる場合などがこれに該当します。第1の照会と異なり、無視して報告をせず、あるいは虚偽の報告をすると罰則が科せられることがあります。

第3は、契約に基づく照会です。たとえば、ある市が国と実証実験の実施について業務委託の契約を締結している場合に、その契約条項に基づいて、国から実施状況の報告を求められることがあります。このような契約には、通常、理由なく報告をしない場合には契約の解除を認める条項が設けられていますので、契約解除を避けたい場合は報告をする必要があります。

第4は、法的な根拠がない照会です。たとえば、マスコミからのアンケートや、旅行会社からの「桜は何分咲きくらいか」といった観光地情報の問合せ、他の自治体からの事務の取扱いについての確認などが該当します。このような照会は、お願いですので、回答する義務はありません。したがって、多忙につき回答しないといった取扱いもあり得ますが、通常は、今後の協力関係などを勘案して回答します。

このように、同じ照会であっても、法的な意味は異なっていますので、照会内容の軽重にかかわらず、まず、照会の根拠について確認し、そのうえで回答の起案を行うことが大切です。

また、こちらから照会をする際には、照会の目的や理由、照会事項、回答の方法（メールか文書か）、回答期限、返信先などを明記します。その際には、照会先の便宜を考えて、たとえば、回答の期限は、照会先での調査や、回答文の作成、郵送などの期間を考慮して、無理のないように定めるといった配慮を欠かさないようにします。さらに、できるだけ回答しやすいように回答用紙を添え、記載例を示し、記載上の注意なども明らかにしておきます。

3 一方的に ●許認可と命令

許可、認可、特許、免許、承認、確認、認証、命令などの行政処分は、行政庁（知事や市長など）が、法令や例規に基づいて、一方的な判断により、直接具体的に住民の権利を制限し、義務を課し、権利を付与するものです。行政処分は、相手の権利・義務に関わるものですから、その理由や根拠を十分に検討することが必要です。

行政処分の仕組みは次頁図表2－4のようになります。まず、行政処分の根拠となる法律や条例の存在が前提となります。そして、許可するかしないかといった判断の基準が通常は定められていますので、その基準に従って、許可や認可などの申請に対する処分が行われます。また、許可の取消しや命令などの不利益処分を行う場合は、事前に聴聞などの処分手続を行わなければなりません。

なお、改善命令や措置命令などの命令は、法令、例規違反があったからといって、直ちに行われるものではありません。まず、違反をした相手方に対して行政指導を行い、それでも違反状態が解消されないときに、事前に相手方の言い分を聴いたうえで、伝家の宝刀

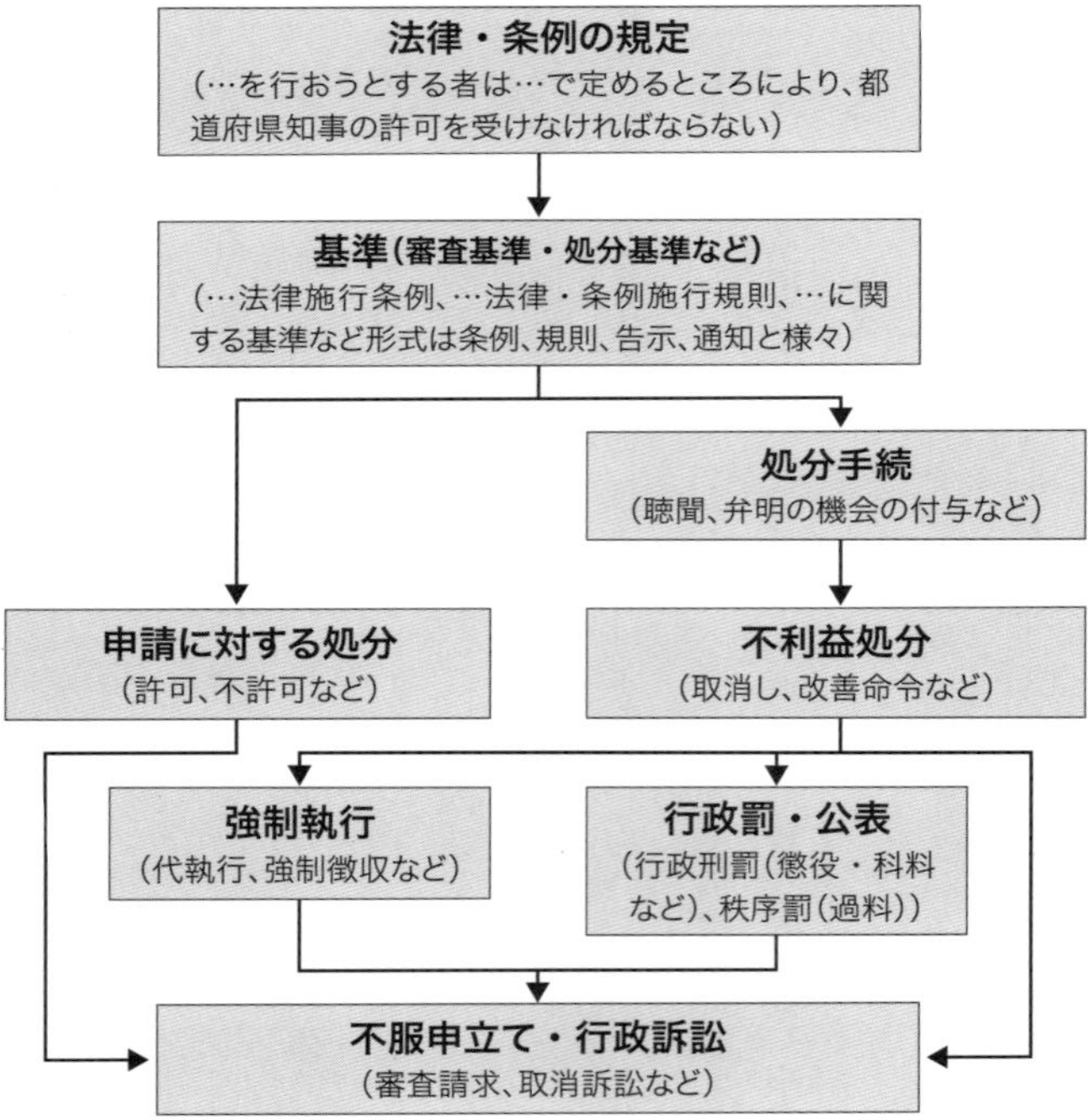

図表２－４　行政処分に関係する仕組み

指令○○第○号
○○都○○市○○
〔相手方の住所等〕
○○　○○
〔相手方の氏名又は法人名〕

平成○○年○月○日付で申請のあつた○○○○○○○については、○○○法第○条第○項の規定により、下記の条件を付して、許可する。

平成○○年○月○日

○○○知事　○○　○○　印

記

1　許可の期間は、平成○○年○月○日までとする。
2　・・・・・・・・・・・・・・・・・・・・・・・・・・・・

図表2－5　指令文の例
（東京都公文規程（昭和42年東京都訓令甲第10号）に基づき作成）

として行われることが通例です。そして、命令の実効性を確保するために、制裁として、行政罰や氏名の公表、強制執行といった手続がとられることもあります。

行政処分は、通常は、指令文という形式によって作成される文書により行われます。前頁図表２－５では東京都公文規程に記載されている指令文の例を示しています。指令文では、一般的に、宛先の記載場所が、通知文では左上であるところ右上にあり、通知文にはある標題もありません。このように、一見して指令文であることが分かるようになっています。

指令文には、処分権者として首長の名前を記載します（例：○○○県知事　甲野太郎）。しかし、行政処分の権限が地方機関の長に委任されている場合は、首長ではなく、その地方機関の長の名前を記載します（例：○○県○○土木事務所長　乙村二郎）。

この委任を受けている者と、起案の決裁を受ける決裁権者とは、別物であることに注意が必要です。のちほど第5章において詳しく説明しますが、課長の決裁＝課長の名前を記載、ではないのです（一致する場合もありますが、多くの場合は、一致しません）。

また、自らが望んだものではない行政処分を受けた場合には、その相手方は、通常、行政不服審査法に基づく審査請求や行政事件訴訟法に基づく取消訴訟を提起することができ

第１　処分に対して審査請求及び取消訴訟の提起の双方が認められている場合
　１　この決定に不服がある場合には、この決定があったことを知った日の翌日から起算して３月以内に、東京都知事に対して審査請求をすることができます（なお、この決定があったことを知った日の翌日から起算して３月以内であっても、この決定の日の翌日から起算して１年を経過すると審査請求をすることができなくなります。）。
　２　この決定については、この決定があったことを知った日の翌日から起算して６月以内に、東京都を被告として（訴訟において東京都を代表する者は東京都知事となります。）、処分の取消しの訴えを提起することができます（なお、この決定があったことを知った日の翌日から起算して６月以内であっても、この決定の日の翌日から起算して１年を経過すると処分の取消しの訴えを提起することができなくなります。）。ただし、上記１の審査請求をした場合には、当該審査請求に対する裁決があったことを知った日の翌日から起算して６月以内に、処分の取消しの訴えを提起することができます（なお、当該審査請求に対する裁決があったことを知った日の翌日から起算して６月以内であっても、当該裁決の日の翌日から起算して１年を経過すると処分の取消しの訴えを提起することができなくなります。）。
第２　法律に処分についての審査請求に対する裁決を経た後でなければ処分の取消しの訴えを提起することができない旨の定めがある場合
　１　この決定に不服がある場合には、この決定があったことを知った日の翌日から起算して３月以内に、東京都知事に対して審査請求をすることができます（なお、この決定があったことを知った日の翌日から起算して３月以内であっても、この決定の日の翌日から起算して１年を経過すると審査請求をすることができなくなります。）。
　２　上記１の審査請求に対する裁決を経た場合に限り、当該審査請求に対する裁決があったことを知った日の翌日から起算して６月以内に、東京都を被告として（訴訟において東京都を代表する者は東京都知事となります。）、処分の取消しの訴えを提起することができます（なお、当該審査請求に対する裁決があったことを知った日の翌日から起算して６月以内であっても、当該裁決の日の翌日から起算して１年を経過すると処分の取消しの訴えを提起することができなくなります。）。ただし、次の①から③までのいずれかに該当するときは、審査請求に対する裁決を経ないで処分の取消しの訴えを提起することができます。①審査請求があった日の翌日から起算して３月を経過しても裁決がないとき。②処分、処分の執行又は手続の続行により生ずる著しい損害を避けるため緊急の必要があるとき。③その他裁決を経ないことにつき正当な理由があるとき。
第３　法律に処分についての審査請求に対する裁決に対してのみ取消訴訟を提起することができる旨の定めがある場合
　１　この決定に不服がある場合には、この決定があったことを知った日の翌日から起算して３月以内に、東京都知事に対して審査請求をすることができます（なお、この決定があったことを知った日の翌日から起算して３月以内であっても、この決定の日の翌日から起算して１年を経過すると審査請求をすることができなくなります。）。
　２　この決定については、処分の取消しの訴えを提起できず、上記１の審査請求に対する裁決を経た場合に、当該裁決に対してのみ取消しの訴えを提起することができます

図表２－６　教示文の例
（行政不服審査法及び行政事件訴訟法の規定に基づく教示の文の標準を定める規則（平成16年東京都規則第345号））

ます。その際の手助けになるように、不服申立てや取消訴訟をすることができる期間などを教示することが義務付けられています。

たとえば、申請拒否処分（許認可の申請に対してそれを拒否する処分）をする場合には、指令文の末尾か別紙に、教示文を記載します。ここでは、前頁図表2－6に東京都の行政不服審査法及び行政事件訴訟法の規定に基づく教示の文の標準を定める規則を参考に掲げておきます。なお、行政処分の根拠となる法令や例規によって教示文の記載内容は異なってきますので、誤った教示をしないよう十分な注意が必要です。

4 よく話し合って決める ●契約

次に、契約について説明します。行政処分と契約との違いをイメージで簡単に図示すると、図表2－7のようになります。

行政処分に代表される公法関係では、行政が権限行使の主体となり、住民はその受け手になるという一方的な関係ですが、私法関係では、行政や住民相互が並列に並び、対等な立場で自由に法的関係を結ぶ、というイメージになります。したがって、契約では、合意

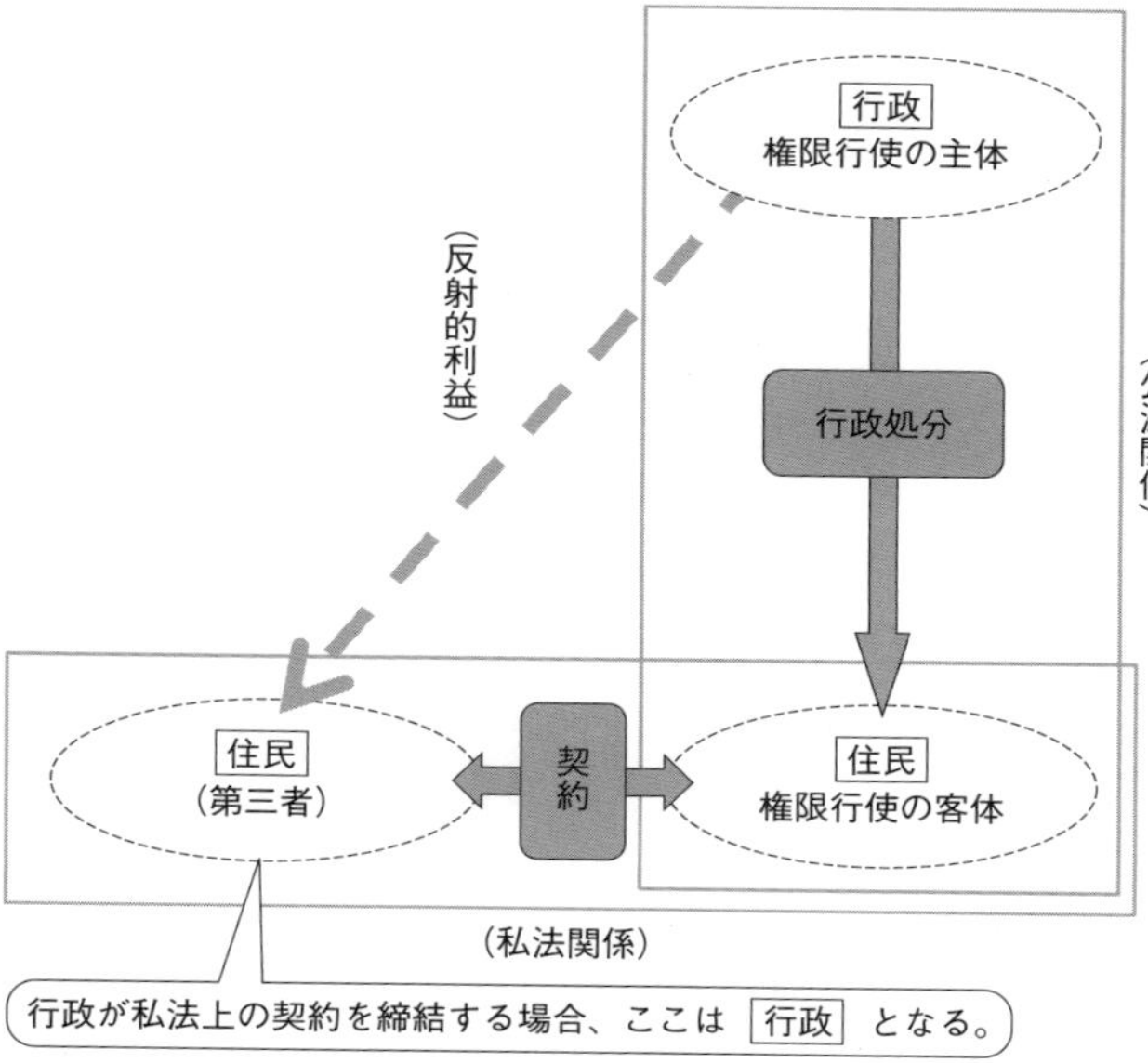

図表２－７　行政処分と契約の違い（イメージ）

ということが非常に重視されます。

つまり、行政処分も契約も等しく法律行為（権利の取得や義務の負担といった法律効果を生じさせる目的でする行為）ですが、行政処分が相手方の了解がなくても一方的に法的効果を生じさせることができるのに対して、契約は2者以上の者が対等の立場で権利・義務を発生させることに合意することによって初めて法的効果が生じます（契約成立）。

たとえば、公正取引委員会による課徴金納付命令を受けた者は、合意がなくても課徴金を国庫に納める義務が生じます。しかし、物品購入契約では、売主と買主との間でどのようなものをいくらで売り買いするかという合意があって初めて、買主に代金を支払う義務が生じます。

なお、契約には、次のような自由があるとされています。

・契約締結の自由＝契約を締結するか否かの自由
・契約相手方選択の自由＝誰と契約するかの自由
・契約内容の自由＝どんな内容の契約にするかの自由
・契約方式の自由＝どんな方式によって契約するかの自由

しかし、自治体には、これらの自由は完全には認められておらず、地方自治法、同法施行令、各自治体の契約規則、建設工事執行規則、会計規則などにより、様々な制限が設けられています。

たとえば、契約相手方の選択は、一般競争入札によることが原則とされ、自由に契約の相手方を選ぶことはできません。

その他にも、契約は、私人間であれば口頭でも構いませんが、自治体が当事者となる場合は、原則として、契約書という文書の作成が義務付けられており、契約方式の自由が制限されています。しかも、契約書には、契約履行の場所、契約金の支払又は受領の時期及び方法、監督及び検査、履行の遅滞その他債務の不履行の場合における遅延利息、違約金その他の損害金、危険負担、瑕疵担保責任、契約に関する紛争の解決方法といったことを記載するよう、こと細かに決められています。

したがって、これらの制限をしっかりと理解したうえで起案を行う必要があります。

また、契約の内容に応じて、金銭消費貸借契約、土地売買契約、建物賃貸借契約、建設工事請負契約、業務委託契約、リース契約、保守契約、物品購入契約、示談などの類型がありますので、自分が起案しようとしている契約の類型に注意して契約書を作成する必要があります。

次に、簡単に契約書作成時の注意点を述べておきます。

まず、契約書を作成する際には、契約の内容に応じた契約条項になっているかを十分に確認する必要があります。前例や類似の契約書を流用したため、本来あるべき契約条項がなく、後日紛争になることもありますので注意してください。

契約書の日付は、契約した日又は契約書を作成した日として重要な意味を持つことから、必ず記入してください。また、契約書の文字を訂正する場合は、訂正箇所の欄外に「○字訂正」、「○字挿入」、「○字抹消○字挿入」などと記載し、その訂正箇所に当事者双方の印を押す必要があります。

次に、契約内容を変更する場合には、原則として、既存の契約書自体に加筆するのではなく、「第○条に規定する契約金額『100万円』を『125万円』に改める。」といった文言を記載した変更契約書を取り交わします。この変更契約書の効力が発生した時点で、原契約に変更契約の内容が溶け込みます。

最後に、契約書が2枚以上のときは、通常は、散逸しないように綴じて、それぞれの綴じ目に当事者双方の割印を押します（裏側へ折り返して糊付けする場合は、裏側のみに割印をします）。

5 あげるけど、ただじゃない ●補助金交付決定

通常、補助金交付の決定書は、行政処分で使用する指令文と同じ書式を用いますが、書式が同じでも、その法的意味合いは大きく異なります。

行政処分が、相手方の意思に反してでも、一方的に権利を形成又は制限し、義務を課すものであるのに対して、自治体が規則や要綱に基づき行う補助金の交付決定は、一般的には負担付贈与契約と考えられています。

つまり、前項で取り上げた「契約」ですので、相手方との合意が必要となります。したがって、たとえ交付申請という許可申請に類した用語が使用されていても、その法的意味は契約の申込みであり、交付決定は契約の承諾に当たります。

また、「負担付」の贈与契約ですので、補助金を受ける側は、財産を贈与される（＝補助金をもらう）代わりに、一定の義務を負う（＝補助事業を実施する）ことになります（次頁図表2－8）。

なお、自治体によっては、補助金の交付の根拠を条例に定めて、交付決定を行政処分と

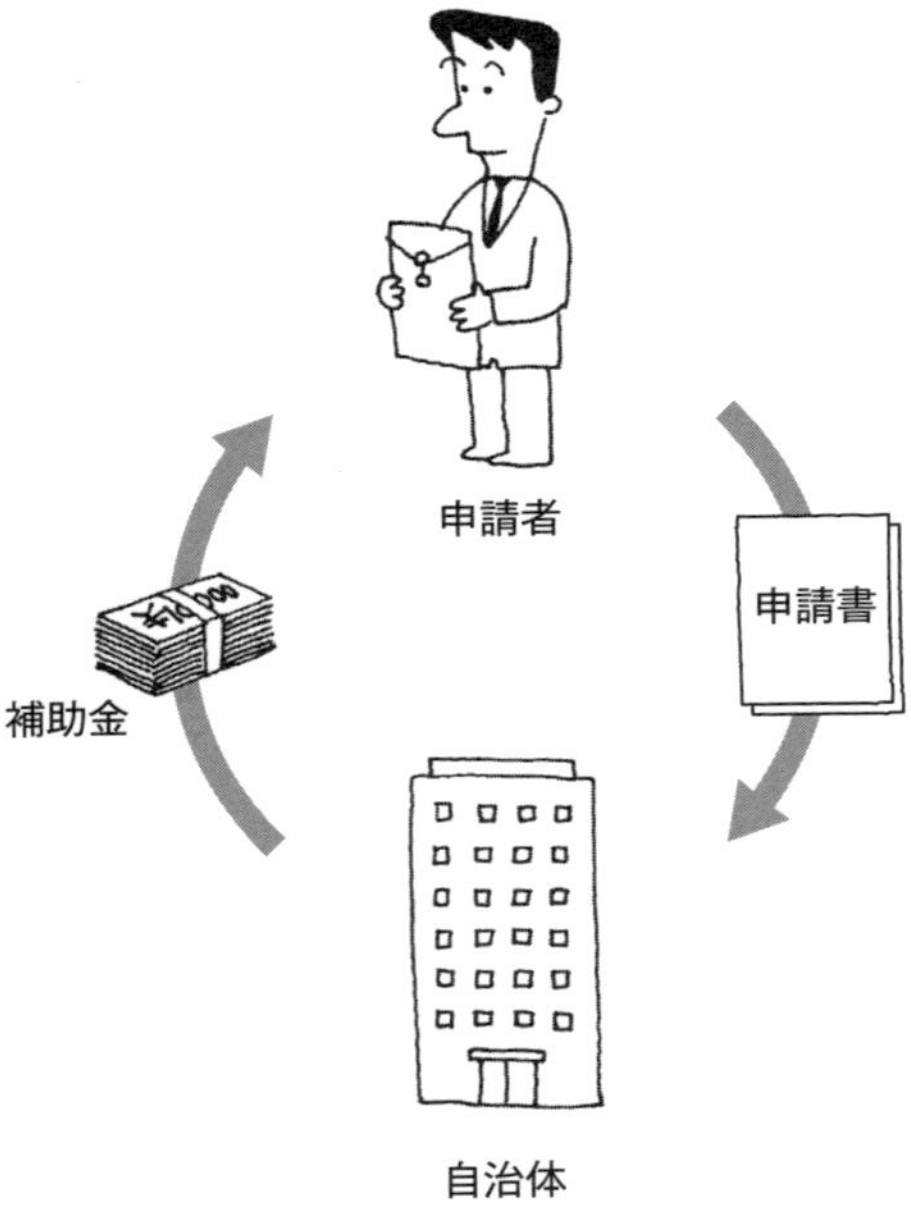

一般的に補助金は、
- 補助率があり、必要な経費の全てが対象となるわけではない
- 補助の要件に合致していなければならない
- 予算の範囲内という制約がある
- 事業着手後の申請は認められない
- 精算払いが原則

とされています。

図表２－８　補助金の仕組み

構成しているところもあります。また、根拠を条例で定めていなくても、行政処分と構成していると推察可能な自治体もあります。その際の判断材料としては、各自治体の行政手続条例における適用除外の規定が挙げられます。

たとえば、北九州市行政手続条例では、適用除外の規定で「補助金等（………）に係る交付の決定その他の処分」としていますので、補助金の交付決定を行政処分と構成していることが分かります。

補助金の原資は、税金です。それを贈与するのですから、補助金によって行われる事業には、公益性が必要になります。具体的には、民間で行われている事業の中にも公益に資するものがあるので、それを自治体が補助金の交付という方法で支援し、ひいては自治体の行政目的の達成に役立てるということです。もし、公益上必要がない事業に補助金が交付された場合は、違法な公金支出ということになります。実際、住民訴訟で、補助金交付の公益上の必要性が争われています。たとえば、再建は極めて困難であったにもかかわらず当面の資金繰りのためだけに行われた低利貸付や放漫経営を続ける出資団体に対する安易な補助金の支出が違法とされるなど、自治体（首長や職員）が敗訴している例が多数あります。

したがって、補助金を交付する際には、その事業にどのような公益性があるのかをキチンと整理しておく必要があります。

6 相談します ●協議

通常、協議とは、他の行政機関の合意・了解を得るために、法令等に基づいて行われるものです。たとえば、武力攻撃事態等における国民の保護のための措置に関する法律では、市町村長は、国民保護計画を策定する際には、都道府県知事に事前に協議しなければならないとされています。

また、協議には、同意を要しない協議と同意を要する協議とがあります（図表２－９）。同意を要しない協議は、誠実に協議さえすれば合意に至らなくても構いませんが、同意を要する協議の場合は、合意されなければその次の手続に進めません。たとえば、過疎地域自立促進特別措置法では、都道府県が策定する過疎地域自立促進方針は、総務大臣、農林水産大臣、国土交通大臣に協議し、その同意を得なければ有効なものとなりません。

通常、同意を要する協議については、法文上、「協議し、その同意を得なければならない」といった規定がなされています。

協議にはその他、一般私人の場合には許可が必要であるところを、国や自治体については協議とし、その協議の成立＝同意をもって許可とみなすといった規定が設けられている場合があります。たとえば、土砂災害警戒区域等における土砂災害防止対策の推進に関する法律では、国や自治体が行う特定開発行為については、都道府県知事との協議が成立することをもって許可を受けたものとみなすとされています。

これは、対等・協力関係にある国と自治体との立場を考慮したものですが、実質的な手続は許可の場合とほとんど変わりません。

同じ「協議」でも大違い

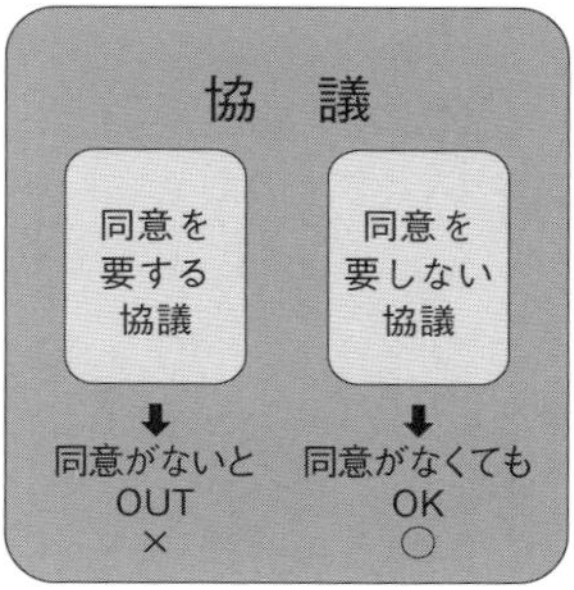

図表２－９　協議の種類

同じ協議という用語でも、このようにその意味に大きな違いがありますので、よく条文を確認する必要があります。

なお、最近では、地域主権改革による義務付け・枠付けの見直しの一環として、同意を要する協議が廃止されている場合がありますので注意が必要です。たとえば、植物防疫法で都道府県知事が指定有害動植物防除基本計画を定めるときは、農林水産大臣の同意を要する協議が必要でしたが、地域主権改革後は、報告で足りるとされています。

7 ただの約束か？ ●協定

協定は、よく使われる言葉ですが、同じ協定という名称を使っていても、その法的意味は必ずしも同じではありません。

一般的に協定とは、

・相手方との基本的な合意事項を定めるため
・当事者間の今後の努力義務を定めるため
・契約書の文言について解釈上の疑義が生じないようにするため
・契約の予約として
・単なる事実関係について現在及び将来の紛争を回避するため

に結ばれますが、その他にも協定締結者以外の者にも法令により拘束力が生じる法定協定（建築協定、緑化協定、景観協定など）や公害発生施設事業者と結ぶ公害防止協定、原子

タイトルは「協定書」でも
見た目にだまされてはいけません!

力発電事業者と結ぶ安全協定など様々な協定が存在しています。

このように、協定は多種多様で、その法的性格も紳士協定（協定違反であっても単なる社会的道義上の責任を問われるだけで裁判により履行を強制できないもの）から実質的な契約（権利の取得や義務の負担を伴うもの）まで、様々なものが含まれていますので、起案しようとする協定の法的性格に注意する必要があります。

なお、協定書に類したものとして覚書と呼ばれるものがあります。協定書と覚書は、自治体によって若干の使い分けがあるようですが、先ほど述べた注意点は覚書にも当てはまります。

8　警告です　● 行政指導

自治体職員が、住民や事業者との関係で最も多用しているのが、いわゆる行政指導でしょう。

許可条件に違反し、又は違法な行為を行っている事業者などが判明した場合には、法的には、改善命令などが予定されていますが、通常は、それに先立って、行政指導が行われます。このような重たい行政指導については、起案を経て行われるのが通例です。

また、「勧告」という言葉も耳にすることがあると思います。勧告を受けた者はそれに従う義務があるように思われがちですが、実は、勧告も、行政指導の範ちゅうに含まれます。つまり、勧告とは、特定の事項について住民などの自主性を尊重しながら一定の処置を執ることを勧めるものに過ぎません。

一般的に行政指導とは、次のように整理されています。

・行政機関が任務又は所掌事務の範囲内で行うものである。
・一定の行政目的の実現のために行われるものである。
・特定人に向けられたものである。
・相手方の任意の協力を前提とする事実行為である。

したがって、

・売買契約や請負契約などの契約に基づいて行うもの
・住民一般への安全運転の呼びかけなど特定の者に対象を限定していないもの

・相手方の求めに応じて法令の解釈、制度の仕組みを紹介するものは、行政指導ではありません。

また、行政指導を行うときは、次のような点に注意する必要があります。

・任務又は所掌事務の範囲内で行うこと。
・任意の協力が前提であり、従わないことを理由とした不利益な取扱いは禁止されていること。
・申請の取下げや内容の変更を求める行政指導は、申請者が行政指導に従わないことを明らかにした場合は、その行政指導を継続してはいけないこと。
・許認可等の権限を背景に行政指導に従うことを余儀なくさせてはならないこと。
・行政指導の趣旨・内容・責任者を明確に示すこと。
・行政指導をする際に是正命令や許認可の取消しなどができる旨を示す場合には、相手方が行政指導に従うべきか否かを合理的に判断できるように、その権限の根拠などを示すこと。
・相手方から行政指導の趣旨・内容などを記載した書面を求められた場合は、原則、応じなければならないこと。

・相手方は、法令の要件に適合しない行政指導（その根拠となる規定が法令に置かれているものに限る）を受けたと思う場合に、行政指導の中止等を求めることができること。

・複数の者が対象となる行政指導が行われることが想定される事案については、あらかじめ、その事案に応じ、行政指導に係る指針を定め、行政上特別の支障がない限り、これを公表しなければならないこと。

このように述べると大仰な感じがしますが、たとえば、事業者や住民から提出された申請書に形式的な不備があった場合に、修正を指導することも、実は、行政指導の範ちゅうに含まれます。ただ、通常は、このような窓口で行われる行政指導は、起案という手続を経ることはありません。しかし、行政指導であることから、前述のような注意点に留意しなければいけません。

9　その他　●依頼・進達・挨拶文・証明書・証書

ここでは、これまで取り上げてきたもの以外の主な起案の内容について簡単に説明します。

「依頼」とは、言葉のとおり、相手に何かをしてもらうよう頼むことです。そのため、依頼文作成にあたっては、受信者の理解と積極的な協力が得られる文章とすることが必要です。

「進達」とは、提出された申請書などを国や県に取り次ぐことです。通常、経由手続が定められている文書は、経由機関に到達した時点で本来の宛先である国や県に提出されたことになります。そのため、申請書などを受け付けた場合は、速やかに国や県に送達する必要があります。

また、進達に似たものに「副申」があります。これは、受け付けた申請書などを国や県に送達する際に、参考意見を添えるものをいいます。たとえば、「申請内容を調査したところ、本市としては差し支えありません。」といった文章を添えるものです。

次に、「挨拶文」とは、式典で市長などが行う挨拶の文章のことです。挨拶文は、式典などの性格や挨拶する人の立場などを考えてふさわしい内容になるようにし、「起・承・転・結」や「現状・問題点・対策」といった構成で文章の骨格を作成します。また、挨拶文は読み上げるものですので、簡易な言葉を用い、読み上げたときに誤解を招くことのないよう、同音語がある場合（「開場」と「会場」など）は別の用語に変えるなどします。

「証明書」とは、身分証明書や印鑑証明書のように、相手方からの申請などに基づいて、特定の事実があるか、ないかということを公に認めることを示す文書のことです。なお、似た言葉で「証書」がありますが、証書は、免許状や修了証書のように、申請などの有無にかかわらず、何らかの事実や法律関係の存在、不存在を公に認めることを示す文書です。

また、公文書として作成することはありませんが、あまり知られていないので、請願書と陳情書の違いについても簡単に説明しておきます。「請願書」とは、住民などが国や自治体に対して請願をする際に用いる文書のことをいいます。請願は憲法第16条によって保障されている権利で、請願法により文書ですることとされており、請願書を受け取った役所などは、それを誠実に処理するよう定められています。それに対して、「陳情書」は、一般的には、請願と同様の事項について希望を述べる文書のことですが、陳情には法律上の根拠はなく、誠実に処理する法律上の義務はありません。

第2節

中身のゆくえを左右する

行政活動の3類型

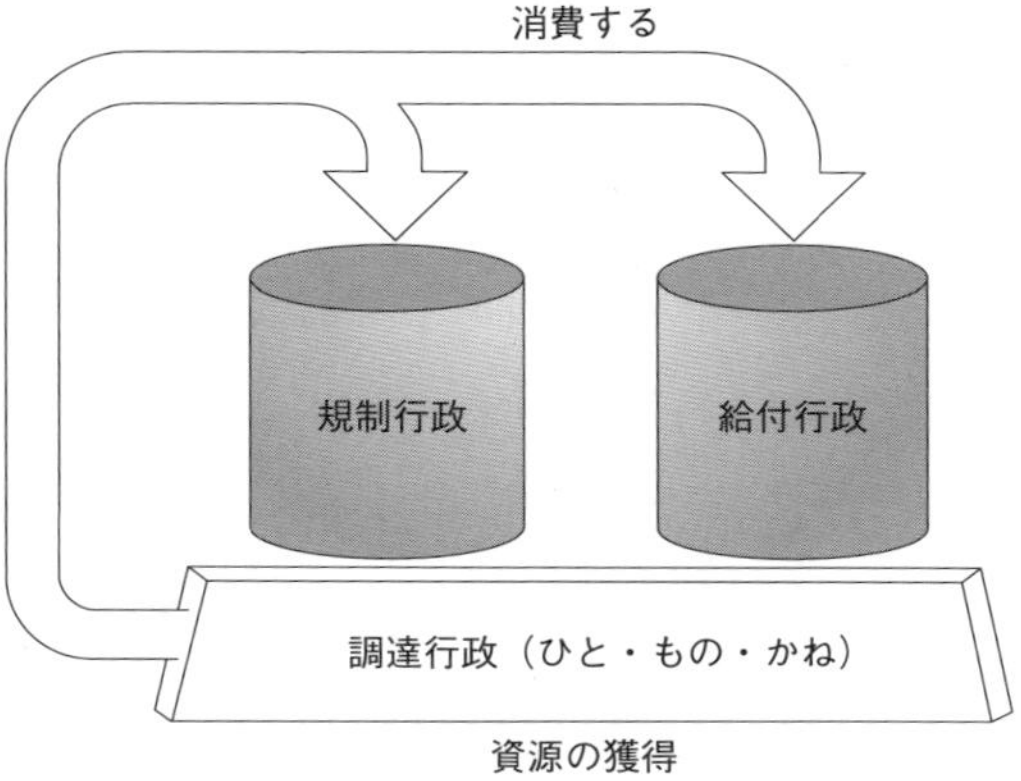

図表２－10　規制・給付・調達行政の関係

行政の活動は、大きく、規制行政（侵害行政ともいいます）、給付行政、調達行政（行政資源取得行政ともいいます）に分類することができます（図表2－10）。

起案の内容は、この3類型によってその特徴が異なっていますので、その違いをよく理解しておく必要があります。

1　やっちゃだめです　●規制行政

規制行政は、住民や事業者の権利、自由を制限することによって行政目的を達成するもので、運転免許や医師免許、旅館業許可、食品関係営業許可、建築確認、開発許可など許認可を主な行政手法としています。住民の権利や自由を制限するため、法律や条例の根拠が必須とされています。

また、規制行政は、経済的規制と社会的規制に分けられます。経済的規制とは、需給調整などのために行われる価格規制や参入規制をいいます。たとえば、蜜蜂転飼条例を根拠に行われている蜜源に対する転飼の調整などが該当します。これに対し、社会的規制とは、生命や健康の保護のために行われる行為規制などをいいます。たとえば、国民の生命の保護のために、急傾斜地の崩壊による災害の防止に関する法律を根拠に行われるがけ崩れを誘発するような有害な行為の制限などが該当します。最近では、経済的規制は最低限必要なものだけを残す方向で改革が行われています。

2　お金あげます　●給付行政

給付行政は、金銭・サービス・情報などを供与することによって行政目的を達成するものです。保険給付、生活保護、義務教育の提供、水道の供給、交通事業、融資、補助金交付などが該当します。

給付行政については、たとえば、補助金の交付が補助金交付要綱や伺い定めにより行われるように、法律や条例の根拠は必須とされていません。ただし、生活保護決定などのように行政処分として構成するものもあり、法律や条例に根拠を設けることは否定されていません。

3 前もって用意します ●調達行政

調達行政とは、資金や土地などを取得し、行政が必要とする資源を確保することを目的とするものです。徴税や公共用地取得などが該当します。

税務行政は別として、一般的に調達行政においては、土地売買契約などの私法上の手法が活用されています。

第3節

誰が相手か
起案の対象となる相手方

1　対象はふたつのひと　●人と法人

起案は、通常、誰かを対象として行います。たとえば、許可の起案であれば許可申請者が対象となり、契約の締結の起案であれば契約の相手方が対象となり、条例や規則などの起案であれば、一般には住民全体が対象となります。

この起案の対象となる相手方には、大きく分けて人（自然人）と法人があります。これは、権利義務の帰属主体（契約を締結し、あるいは行政処分を受ける主体）となり得るのが、原則として人（自然人）と法人だからです。

2 身も心もないけど●法人の存在意味

人（自然人）が権利義務の帰属主体となることに、わざわざ説明は必要ないでしょう。しかし、法人という制度を設けて権利義務の主体としている理由は、説明がなければ少し理解が難しいかもしれません。

法人という制度が設けられている理由は、人（自然人）だけにしか権利義務の帰属主体を認めないとしてしまうと、団体として管理している財産であっても、団体を構成しているすべての人（自然人）の共有財産となるため、その処分などに際しては、全員の合意が必要とされ、また、財産を取得する際も同様にすべての人（自然人）の合意が必要となり、非常に不便、煩雑、非効率であるためです。

そこで、一定の団体を法人として、自然人と同じように、法人の名において取引や契約が行えるようにするために法人という制度が設けられています（次頁図表2－11）。

そして、法人とその法人を構成する人（自然人）とは、たとえば、株式会社と社員（株主）のように、それぞれ別個の権利義務の帰属主体になります。

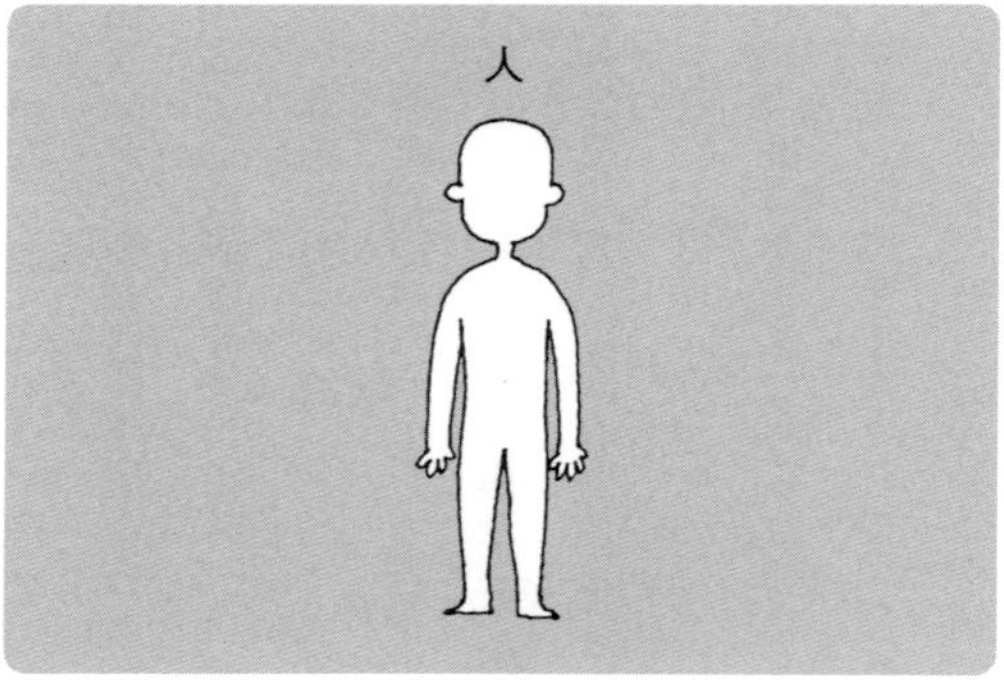

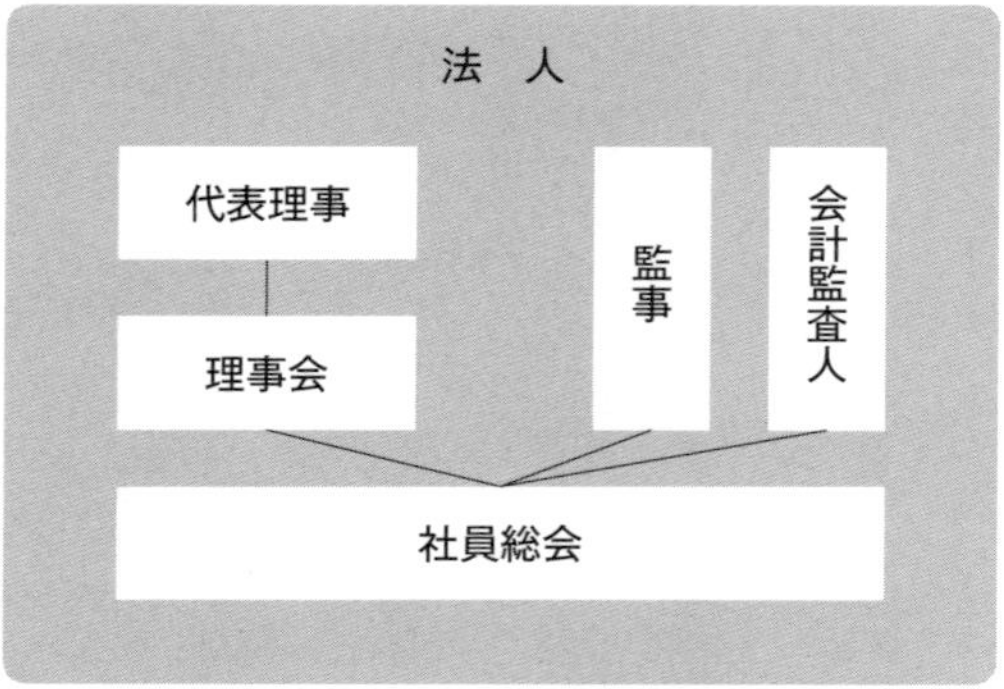

※大規模一般社団法人の例

図表２－11　人（自然人）と法人

3　誕生はルールに沿って　●法人の設立

法人は、法律によって設立される必要があります。

具体的には、法律による許可（旧民法法人など）、法律による認証（ＮＰＯ法人など）、法律の定める条件に従うこと（株式会社など）によって、さらには法律による強制（弁護士会など）によって、法人は設立されます。そして自治体も法律によって法人とされています（地方自治法第２条第１項「地方公共団体は、法人とする。」）。

つまり、法人は、法律によらずに設立されることはないということです。

4　担い手が必要です　●法人の機関

法人は、権利義務の帰属主体となることはできますが、人（自然人）のように実体を有しているわけではありませんので、街を散歩し、食事をする、といったことはできません。

そのため、実際には法人の名において、利害損得などを考え、交渉し、契約を締結し、許可を申請し、営業停止命令を受け取る「人（自然人）」が必要となります。

この「人（自然人）」が、法人の機関（市長、代表取締役、代表理事など）であり、法人を代表し、法人の業務を執行します。

そして、法人と契約を結ぶ、あるいは法人に対して行政処分を行う際には、自然人の場合に氏名、住所を記載するのと同様に、契約書や許可書に法人名、法人の主たる事務所の所在地を記載し、さらに、先ほど述べたように代表取締役などが法人を代表していることから、彼ら（彼女ら）の名前を記載します。

もし、契約書に代表取締役などの名前が記載されていない場合は、無効と解されるおそれもありますので注意が必要です。

5　人と法人のはざまで　●権利能力なき社団

なお、法人になっていなくても、一定の組織化された団体については、限定された範囲内で権利義務の帰属主体となることが認められる場合があります。一定の組織化された団体とは、組織としての実態があり、代表選出の方法や総会の運営方法、その団体に帰属する財産の管理方法等を定めている団体のことをいいます。このような団体は「権利能力なき社団」と呼ばれ、具体的には、先ほど述べたような一定の組織化が行われている町内会や学会などが該当します（次頁図表2－12）。

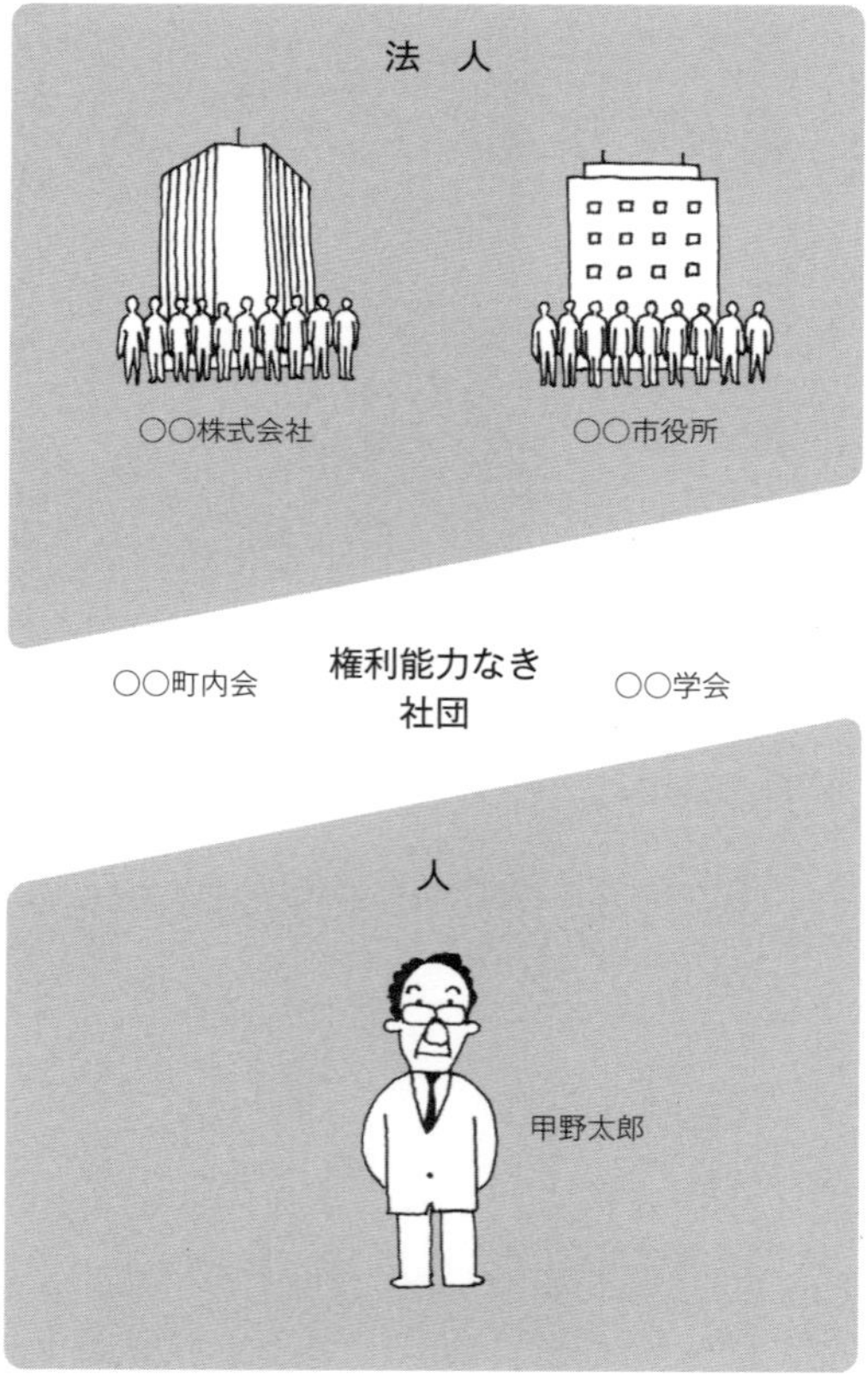

図表２－12　人（自然人）と法人と権利能力なき社団

コラム

不服申立て・訴訟件数の増加

かつては滅多にお目にかかることのなかった審査請求書を、最近ではよく目にするようになりました。実際、地方公共団体に対する不服申立ては、データからも増加傾向にあることが分かります。行政訴訟の件数も同様です。

さらに、平成16年の行政事件訴訟法の改正や司法制度改革による弁護士人口の急増、平成28年の改正行政不服審査法の施行などを考えると、より一層の不服申立てや行政が当事者となる訴訟の増加が予想されます。

つまり、これまで以上に、自治体職員の判断（行政処分、計画の策定、契約の締結、行政指導、補助金の交付）が、裁判で争われる可能性が高まっていることを意味します。このことは、これまであまり訴えられることのなかった小規模自治体でも訴訟リスクが無視できなくなっているということでもあります。

地方公共団体・不服申立て件数の推移

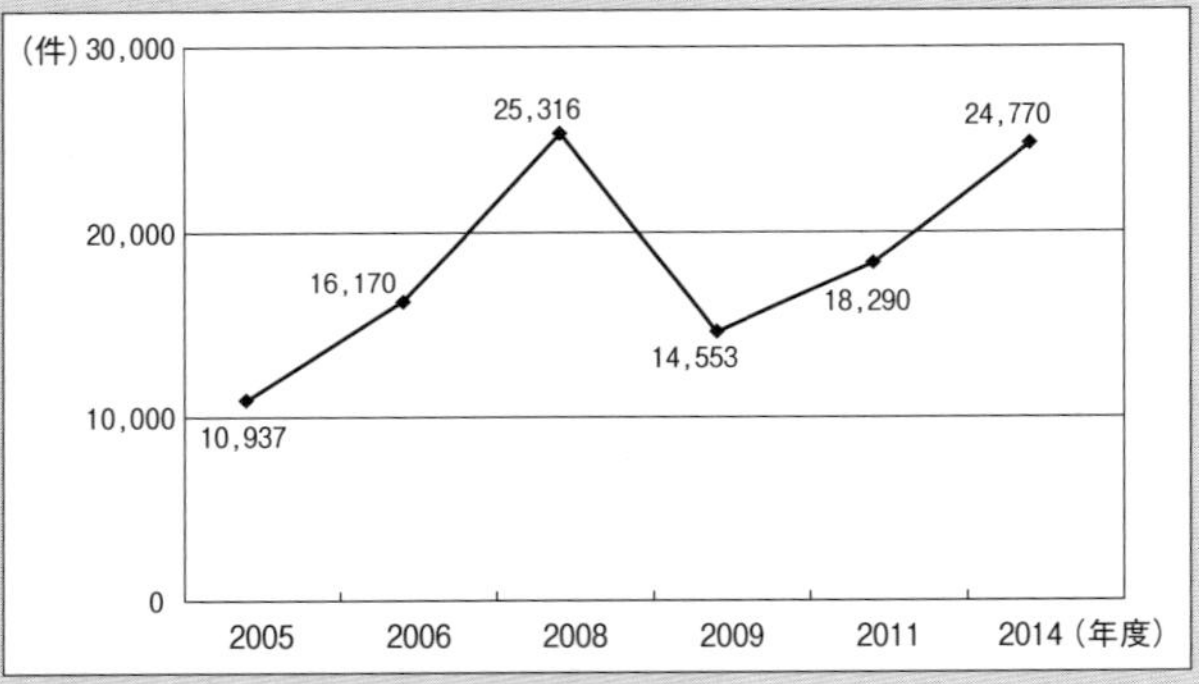

総務省「行政不服審査法等の施行状況に関する調査結果」(2008年度は後期高齢者医療制度に係る不服申立てが多数あったため、急増している)

新受件・行政事件訴訟数の推移

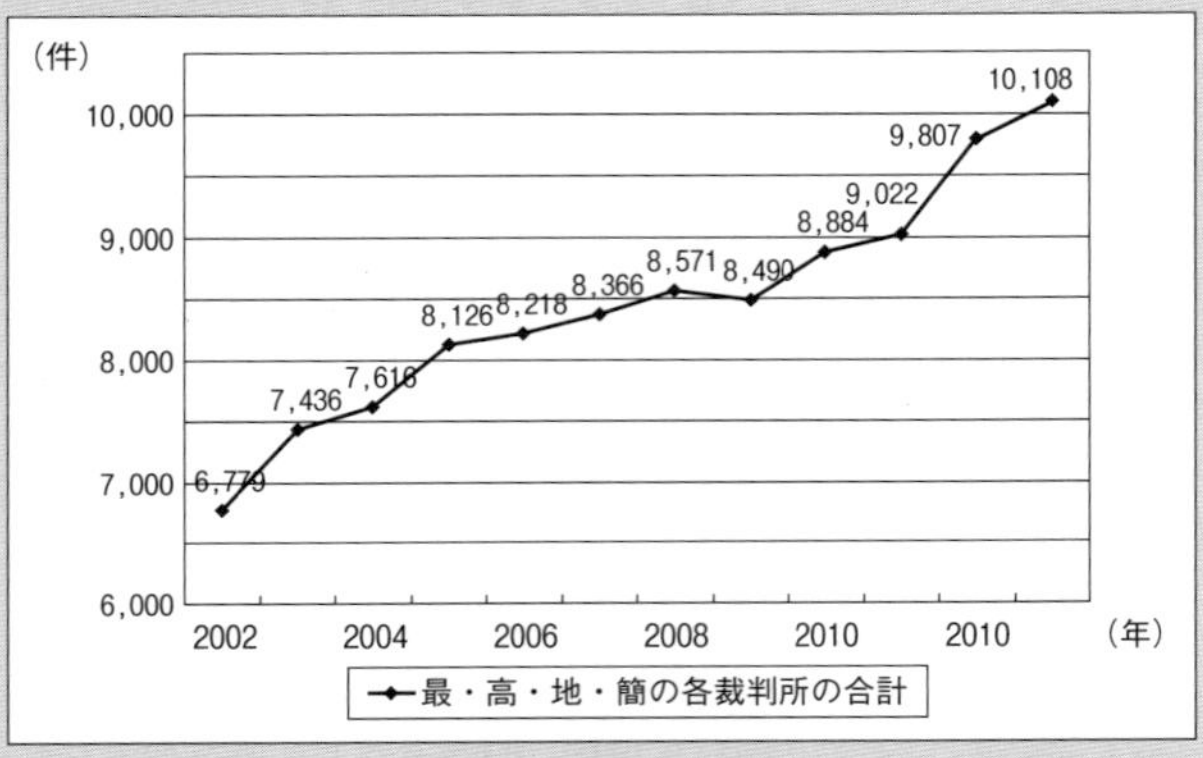

2013年度司法統計「事件の種類と新受件数の推移 最高、全高等・地方・簡易裁判所」(最高裁判所)

第3章

起案文書の根拠と理由

何がよりどころですか　パートI

根拠（法令・例規）

起案の記載事項のひとつに「根拠」があります。たとえば、都市計画区域内の開発許可であれば、「都市計画法第29条第1項」といったように、許可の根拠となる法律の題名と条項を記載します。

この都市計画法は法律ですが、その他にも根拠となるものとして、政令や条例などがあり、それらは、法令、例規と総称されます。

法令とは、広義では、憲法、法律、政令、府令、省令、会計検査院規則、人事院規則、公正取引委員会規則、議院規則、最高裁判所規則、条例、首長が定める規則、首長以外の機関が定める規則を指します。また、場合によっては、これらに条約を加えることもあります。

そして、法令は、国の最高法規である日本国憲法を頂点として体系化されています（図表3－1）。

なお、法令は、狭義では、法律と命令（政令と府省令）を指しています。そして、法律

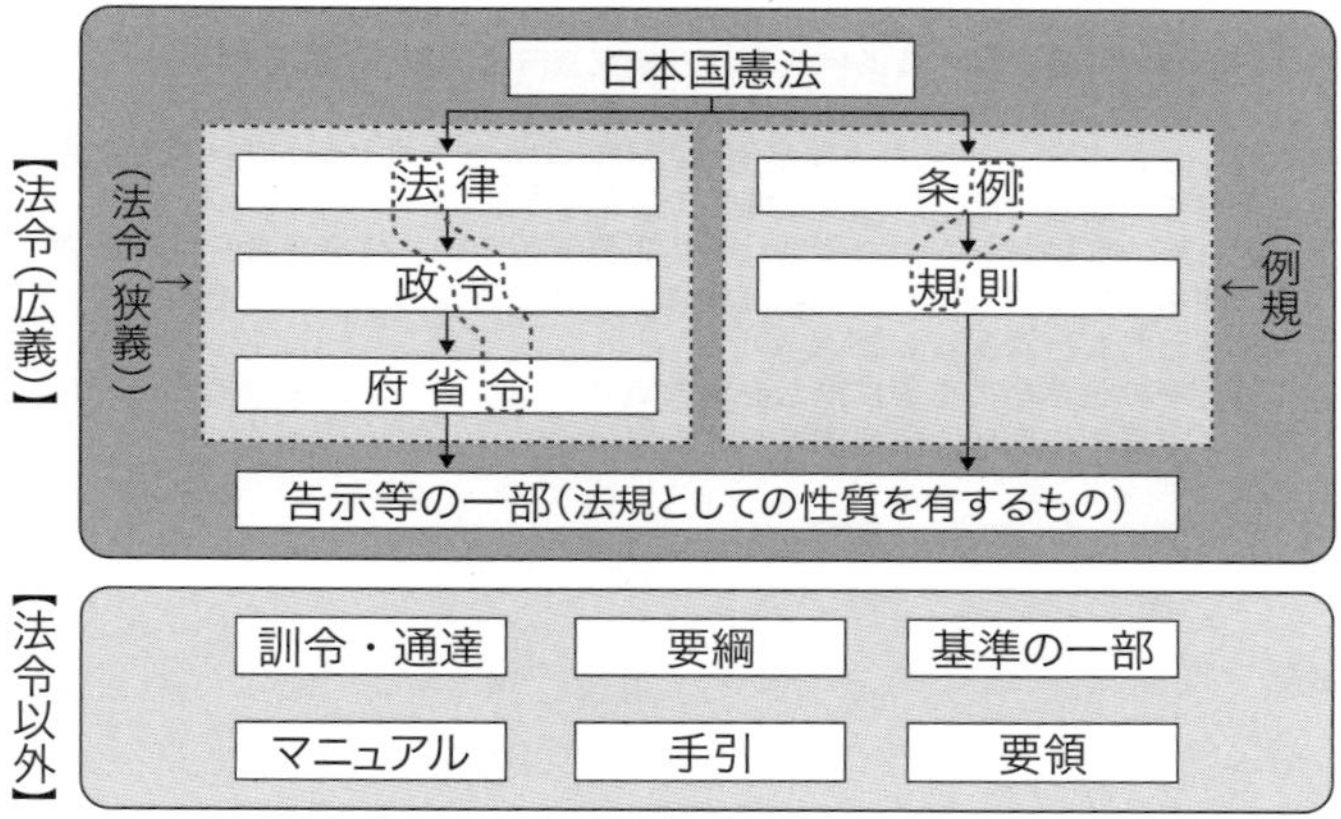

図表３－１　法体系
（木佐茂男・田中孝男『自治体法務入門　第４版』（ぎょうせい、平成24年）51頁の図を基に筆者作成）

と命令のそれぞれの文字をとって法令と呼ばれています。同様に、条例と規則のことを、それぞれの文字をとって例規と呼んでいます。本書でも、この用法により法令、例規と表現しています。

ここでは、法務についての基礎的な知識として、これらの法令、例規について解説します。

１　この上なく高い決まり ●憲法

言わずと知れた国の最高法規です。法律、政令、省令、条例などは、憲法に違反することは許されません。

自治体職員が直接憲法に基づいて事務

職員の服務の宣誓に関する条例（昭和26年京都府条例第５号）

第１条　この条例は、地方公務員法（昭和25年法律第261号）第31条の規定に基づき、職員の服務の宣誓に関して規定する。
第２条　新たに職員となつた者は、その職務を行う前に任命権者又は任命権者の定める公務員に対し、別記様式による宣誓書に署名し、印を押して、自ら提出しなければならない。
２　天災その他緊急の事態に際し必要な場合においては、前項の規定にかかわらず宣誓の時期は、任命権者が定める。
　　附　則
この条例は、公布の日から施行する。

別記

宣誓書

私は、ここに日本国憲法を尊重且つ擁護し、地方公務員として地方自治の本旨を体するとともに公務を民主的且つ能率的に運営すべく責務を深く自覚し、全体の奉仕者として誠実且つ公正に職務を執行することを固く誓います。

年　　月　　日

氏　　　　名　　印

図表３－２　宣誓書の例（京都府）

を処理することはないでしょうが、公務員である以上、日本国憲法の理解は必須です。そもそも、自治体職員は、服務の宣誓に関する条例により、日本国憲法を尊重する旨などを宣誓しています（図表3－2）。

2 国会が決める決まり ●法律

法律は、国会の議決を経て制定されるもので、政省令などの上位に位置付けられます。通常は、民法や地方自治法などの「○○法」、お茶の振興に関する法律や公文書等の管理に関する法律などの「○○に関する法律」といった題名が付いています。

また、○○法の一部を改正する法律、○○関係法律の整備に関する法律といった題名が付く法律もあります。これらは、一部改正法と呼ばれるもので、すでに成立している法律を改正するための法律という位置付けにあり、施行されると改正対象となっている法律に溶け込んでしまいますが、法律であることには変わりありません。

自治体の事務処理の多くは、法律に則って行われていますので、どの法律のどの条項が起案に際しての根拠になるのか、制約になるのかを十分に理解する必要があります。そのためには、法律の読み方を身に付けておかなければいけません。

なお、介護保険法や道路法といった個別法とは別に、たとえば、地方自治法、地方公務員法、行政手続法、行政不服審査法、行政事件訴訟法、国家賠償法などの分野横断的な法律があります。

自分が担当する分野の法律を読み込むことだけでも大変で、なかなかこれらの法律にまで目を通す余裕はないかもしれませんが、概説書でも構いませんので、一度、勉強しておくべきでしょう。

3　内閣が決める決まり　●政令

政令は、内閣総理大臣と各省大臣及び無任所大臣により組織される合議体である内閣が制定する命令です。政令は法律に反することは許されませんが、府令、省令などの上位に位置付けられるものです。

政令には、法律の個別的な委任を受けて権利を制限し義務を課することや罰則を設けることができる委任命令と呼ばれる政令（委任政令といいます）と、単なる手続や書式などを規定する執行命令と呼ばれる政令（実施政令といいます）の区分があります。

前者は、○○法施行令、○○令といった題名が付されることが多く、後者は○○政令、○○に関する政令といった題名が付されることが多いものです。

政令は、法律に比べれば目立ちませんが、規制行政の分野では、起案に記載する根拠が委任政令となることもありますので、法律だけでなく政令にも目配りをしておく必要があります。

また、自治体が行う契約関係でも、政令である地方自治法施行令で様々な制約が設けられていますので、規制行政以外の分野でも、政令は軽視できないものです。

4 大臣が決める決まり ●府令、省令

府令は、内閣総理大臣が内閣府の所管事務について定める命令で、内閣府令とも呼ばれます。なお、平成13年の中央省庁再編前は総理府でしたので、総理府令と呼ばれていました。

省令は、各省大臣がそれぞれの省の所管事務について定める命令で、総務省令、法務省

令など各省大臣が制定します。府令と省令は、名称が異なりますが、法的効力は同じです。府令、省令は、法律や政令に違反することは許されません。また、政令と同様に委任命令と執行命令の区分があります。

なお、通常は、府令や省令が行政処分の直接の根拠となることはありません。しかし、○○法施行規則として制定されている省令などでは、法律に規定された許可や指定について、その申請に際しての手続や必要書類、許可や指定をするか否かの審査基準などが規定されている場合がありますので、担当職員は、それらの規定を理解しておくとともに、必要に応じて根拠として起案に記載する必要があります。

その他、国の行政機関の命令としては、会計検査院規則、人事院規則、公正取引委員会規則などがあります。人事関係については人事院規則がしばしば参照されるといったことがありますが、自治体職員がこれらの規則を起案に記載することは、通常はないでしょう。

5 議会が決める決まり ●条例

条例は、自治体が議会の議決により定める法規です。法令に違反することができないとされています。

しかし、条例は、議会の議決を経ている点では、国会の議決を経ている法律と同様です。また、法律と同様に罰則を一定限度で定めることもできます。そのため条例は、政令以上法律未満の位置にあると解する考え方もあります。

条例で必ず定めなければならない事項は、住民に義務を課し、又は住民の権利を制限する事項と、法律によって条例で定めるとされている事項です。後者については、たとえば、地方自治法では、自治体の事務所の位置、条例の公布に関する事項、議会議員の定数や議員報酬などに関する事項、職員の定数や給与などに関する事項、分担金、使用料、加入金及び手数料に関する事項、基金の設置に関する事項、附属機関の設置に関する事項、公の施設の設置及び管理に関する事項などが条例で定めることとされています。また、その他にも、建築基準法や地方税法など多くの法律に、条例で定めるとされている事項がありま す。

なお、条例の法体系上の位置付けについては、法律→政令→府省令の体系と比べ、法文上は必ずしも明確ではなく、様々な考え方が唱えられています。ここでは、憲法、法律、都道府県条例、市町村条例の法体系上の位置付けについて、4つの説を紹介しておきます

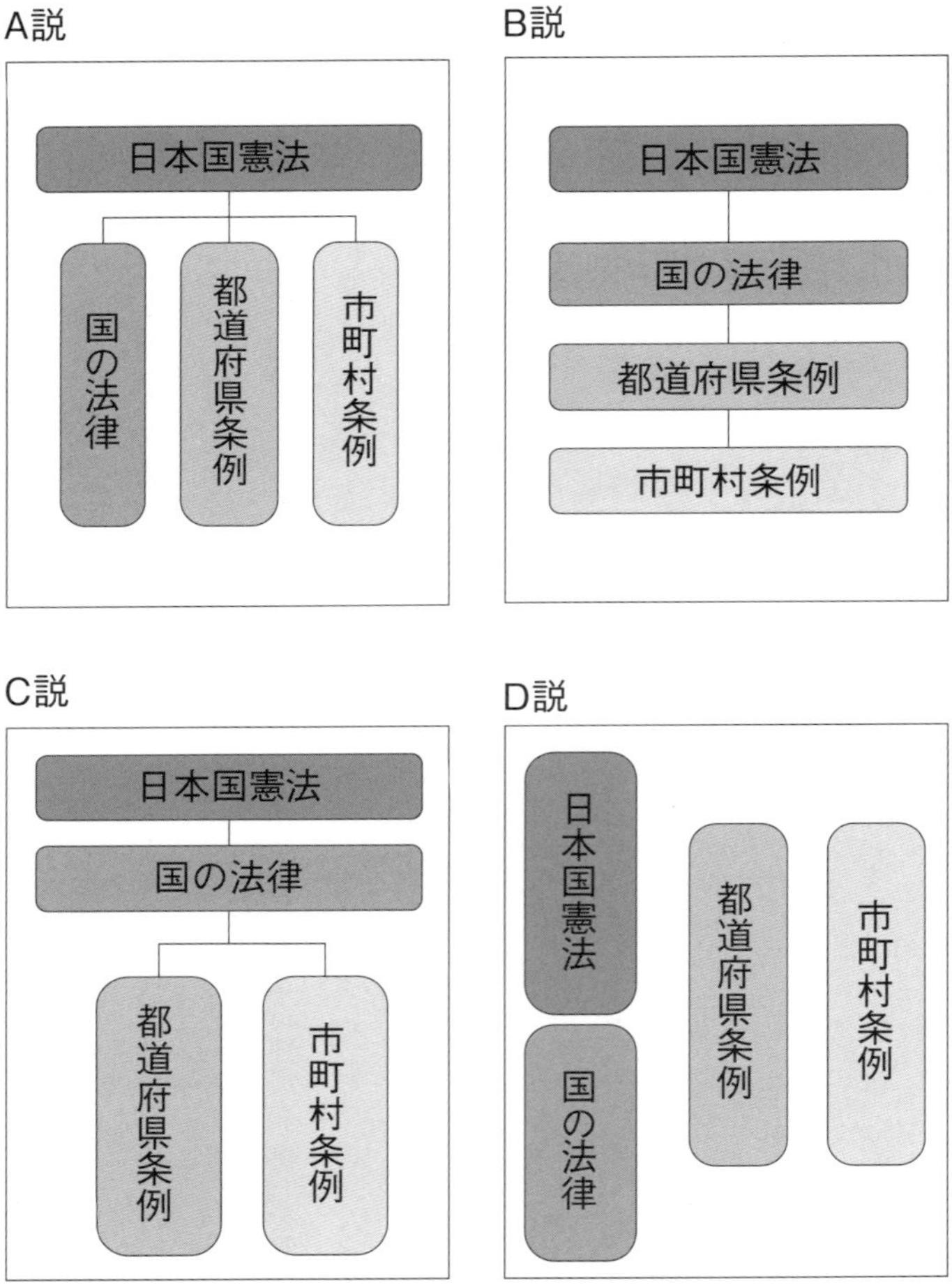

図表３－３　憲法、法律、都道府県条例、市町村条例の関係
（澤俊晴『都道府県条例と市町村条例』（慈学社、平成19年）56頁を基に筆者作成）

（図表3－3）。

A説は、憲法の下に、国の法律・都道府県条例・市町村条例が並列関係にあると解するものです。B説は、憲法の下に国の法律、その下に都道府県条例、さらにその下に市町村条例が垂直に並んで上下関係にあると解するものです。C説は、憲法の下に国の法律があり、その下に都道府県条例と市町村条例が並列関係にあると解するものです。D説は、国の法律とは別個の存在として、自主法としての都道府県条例と市町村条例があると解するものです。

このように、法律と条例の関係は、大変議論のあるところで、一般的には「条例制定権の限界」といったテーマで扱われています。

興味のある方は、是非いろいろな文献を読んでみてください。

6　首長が決める決まり　●首長が定める規則

規則には、首長が定める規則と首長以外の機関が定める規則があります。

首長が定める規則とは、知事や市町村長などの首長が、その権限に属する事務について定める命令をいいます。

その種類としては、一般的に首長の専管事項と解されている内容について定める規則（文書管理規則、行政組織規則、補助金等交付規則、庁舎管理規則、財務規則など）、法令の実施のために定める規則（○○法施行細則との題名が付されることが多いものです。細則とされるのは、○○法施行規則という題名の省令が制定されていることがあるからです）、条例の委任を受けて定める規則（○○条例施行規則との題名が付されることが多いものです）があります。

規則を制定する首長は、議員と同じく直接住民によって選ばれていることから、法律、政令、府省令が法律→政令→府省令という上下関係にあるのと異なり、条例と首長が定める規則（条例の委任を受けて定める規則を除きます）とは、必ずしも上下関係にあるものではありません。しかし、条例と首長が定める規則とが抵触した場合には、条例が優先すると解されています。

首長の専管事項と解されている内容について定める規則では、その規則が主な根拠となりますので、たとえば、公有財産の管理について起案をする場合には、該当する規則とその条項を起案の根拠に記載します。具体的には、普通財産の貸付けの場合は、公有財産管理規則が根拠となりますし、行政財産の目的外使用許可の場合は、行政財産管理規則が根拠となりますので、それらの規則の題名と貸付けや目的外使用許可について定めた条項を記載します。したがって、自分が担当している事務に公有財産の管理が含まれている場合は、これらの規則をしっかりと理解しておく必要があります。

7 委員会が決める決まり ●首長以外の機関が定める規則

首長以外の機関が定める規則とは、教育委員会や人事委員会などの行政委員会が、その権限に属する事務について制定するもので、教育委員会規則や人事委員会規則、公安委員会規則などがあります。

これらの規則は、法律、政令、府省令や条例、首長が定める規則に違反することはできないとされています。ただし、通常、首長と行政委員会の所管事項が重複することはありませんので、違反となるような事態は起こりません。

なお、その他にも、衆議院と参議院が会議手続や内部規律について定める議院規則、自治体議会が定める会議規則、最高裁判所が訴訟手続や裁判所の内部規律などについて定める最高裁判所規則がありますが、たとえば、会議規則であれば、議会事務局での勤務となるようなことがない限り、通常はあまり起案の根拠とすることはないでしょう。

起案にあたっては、日頃から自分の仕事に関係する法令、例規についての理解を深めておく必要があります。また、法令、例規は、しばしば改正されますので、制定改廃の情報収集のアンテナを高めておきましょう。

8　読めなきゃ意味がない　●法令を読むための基礎知識

法令（法律、政令、府省令、条例、規則）は、制定されると、文章で表された法文に従って解釈され、運用されることになります。そのため、法文はできるだけ読み手にとって疑義が生じないよう正確に作成されています。

たとえば、法文に用いる用語は、意味が広義・多義にわたるものは使用せず、やむを得ず使用する場合も、意味が明確になるよう定義規定を設けることが通例です。

また、法令の内容は様々ですが、その形式にはパターンがあります。まず、法令は、本則と附則によって構成されています。さらに、本則は、総則的規定、実体的規定、雑則的規定、罰則規定といった順番で規定されています。総則的規定には、その法令を定めた目的や定義規定などが配置されています。実体的規定には、法令の目的を達成するための手法（たとえば、「○○を営もうとするものは、許可を受けなければならない」といった許可制度）などが規定されています。雑則的規定には、実体的規定ほどは重みのない細々とした手続などが規定されています。

本則に続いて、附則が配置されます。附則にはまず、その法令が施行される日（施行期日）といいます。公布の日が施行期日とされることもありますが、国民への影響が大きいと思われる法令の場合は、周知期間等を考えて、公布と施行との間に数か月から場合によっては数年の期間を空けることもあります）が規定されます。そして、その法令によってこれまでのルールが変わってしまう場合（たとえば、ある設備について、これまでの基準が引き上げられた場合に、既存の設備については一定期間、これまでの基準を満たしていればよいとする場合など）の経過措置といった附随的なことが規定されます。加えて、その後に別表などが付くことがあります。

この法令の構造を頭に入れておくと、長大な法律であっても、どこに何が規定されているのか、目星が付けやすくなります。

次に、法令は、箇条書きで記載することが通例です。箇条書きの一文を「条」といいます。この「条」をさらに別行にして段落分けした一文を「項」といいます。さらに、この条や項のなかで一定の事項を列記する場合に用いるのが「号」です。そして、条文の前に括弧書きでその条文の内容を簡略に記載した部分を「見出し」といいます。

「お茶の振興に関する法律」を例に法令の構成を示すと、次のとおりです。

お茶の振興に関する法律［↑題名］

［↓ここから本則］

（目的）［↑見出し］

第一条［↑条名］　この法律は、お茶に関する伝統と（以下、略）［↑条］

（基本方針）

第二条（略）

2　基本方針においては、次に掲げる事項を定めるものとする。［↑項］

一　茶業及びお茶の文化の振興の意義及び基本的な方向に関する事項［↑号］
二～五（略）
（以下、略）
（国の援助）
第十一条（略）
［←ここから附則］
　　附　則
この法律は、公布の日から施行する。［↑施行期日］

法令を読むためには、法令に用いられる用語（法令用語）の知識も必要です。同じ用語であるにもかかわらず、法令や条文によって異なった意味で用いられると紛争のもとになるため、意味の統一性が図られています。ここでは、ごく基本的な法令用語を紹介します。

■「以上」と「超える」、「以下」と「未満」

「○○以上」と「○○以下」は、基準となる○○の数値を含んでいるのに対し、「○○を超える」と「○○未満」は、基準となる○○の数値を含んでいません。たとえば、「10メートル以上20メートル未満」は、10メートルちょうどは含まれますが、20メートルちょうどは含まれません。

なお、「未満」と同じ意味の用語として「○内」(「10メートル内」だと、ちょうど10メートルは含まれません)、「○に満たない」があり、「以下」と同じ意味の用語として「超えない」、「超えない範囲(内)」、「以内」があります。

■「以前」と「前」、「以後」と「後」

「○○以前」と「○○以後」は、基準となる○○の時点を含んでいるのに対し、「○○前」と「○○後」は、基準となる○○の時点を含んでいません。たとえば、4月1日以前と4月1日以後は4月1日を含んでいますが、4月1日前と4月1日後は4月1日を含んでいません。

■「並びに」と「及び」

この二つは「and」を意味する点では同じで、併合的接続詞と呼ばれるものです。「及び」は、同じレベルのものを並列につなぐときに使います。たとえば、「A及びB」はAとBの両方ともに、「A、B、C及びD」はAとBとCとDの4つともに、という意味です。

「並びに」は、「A及びB」といった同じレベルの一群があるときに、これと「C」という別のレベルのものを並列につなぐときに使います。たとえば、「原油及び石炭並びにこれらから製造される燃料」は、同じ燃料であっても、原油、石炭と、これらから製造される燃料（たとえば、ガソリンやコークス）とでは意味合いが異なるため、「原油」と「石炭」は同じレベルである「及び」でつなぎ、「これらから製造される燃料」は別のレベルであることが分かるように「並びに」で接続しています。

■「又は」と「若しくは」

この二つは、「or」を意味する点では同じで、選択的接続詞と呼ばれるものです。「又は」は、同じレベルのものを選択的につなぐときに使います。たとえば、「A又はB」はAかBのいずれか、「A、B、C又はD」はAかBかCかDのいずれかという意味です。

「若しくは」は、「A又はB」といった同じレベルの一群があるときに、そのなかにより小さなレベルのものを選択的につなぐときに使います。たとえば、「国の機関若しくは地方公共団体又はその委託を受けた者が法令の定める事務を遂行する」では、国の機関、地方公共団体、それからの受託者を列記していますが、国の機関や地方公共団体は、本来の事務遂行者であるのに対して、受託者はそうではありませんから、「国の機関」と「地方公共団体」は同じレベルであることが分かるように「若しくは」でつなぎ、「その委託を受けた者」は別のレベルであることが分かるように「又は」で接続しています。

■「その他」と「その他の」

「その他」は、「その他」の前にある語句と、それに続く語句とが並列にある場合に用います。たとえば、「特定施設の配置図その他環境省令で定める書類」とある場合は、「特定施設の配置図」と「その他環境省令で定める書類」とが並列の関係にあり、環境省令では「特定施設の配置図」を除いた書類を定めることになります。

それに対し「その他の」では、「その他の」の前に掲げられた語句は、「その他の」の後ろに掲げられた語句の例示となります。たとえば、「職員の給与その他の規則で定める勤務条件」とある場合は、「職員の給与」は「その他の規則で定める勤務条件」の例示ですので、規則には再度「職員の給与」を定める必要があります。

■「直ちに」と「速やかに」

いずれも、遅延を許さない趣旨の用語ですが、その時間的近接の度合いのニュアンスなどが異なります。

「直ちに」は、時間的即時性が強く、一切の遅延を許さない場合に用いられます。

通常は、遅延すると違法性を帯びることになります。たとえば、人身事故の際に「直ちに車両等の運転を停止して、負傷者を救護し、道路における危険を防止する等必要な措置を講じなければならない」（道路交通法第72条第1項）のに、即座に運転を停止しなければ、いわゆるひき逃げとなります。

それに対し、「速やかに」は、できるだけ早くという訓示的な意味で用いられます。したがって、速やかに行うよう求められていることを遅延してしまったとしても、すぐに違法になるということにはなりません。

これら以外にも様々な法令用語がありますが、法令用語は、要するに、知っているかいないかだけのことですので、法令用語辞典などをこまめに引くようにしてください。

9　決まりはどうやって決まるのか？　●法令などの成立過程

少し脱線しますが、ここで法令の成立過程について説明します。

まず、成立する法律、条例のほとんどを占める閣法と首長提出条例の成立過程を取り上げます。

閣法とは、内閣提出法律案の略称です。閣法は、まず、各省庁の所管課において原案が作成され、その後、省内審査、他省庁との協議（各省協議）、与党とのすり合わせ、さらに必要に応じて、審議会に対する諮問、公聴会における意見聴取等が行われます（ただし、国と地方の協議の場に関する法律の制定過程では、省内審査や与党とのすり合わせ等はなかったようです）。

そして、これらの調整が整った後に内閣法制局において予備審査（実質的な審査）が行われ、場合によっては与党了解を得て、所管省庁から内閣官房に閣議請議が出され、正式な内閣法制局の審査を経た後に閣議決定が行われ、衆議院又は参議院に提出されます。そして、両議院で可決されたときに法律として成立します。

法律が成立すると、内閣を経由して奏上され、御名御璽を得て、官報に掲載されることにより公布されます（次頁図表3－4）。

法律は、国会のスケジュールに合わせて成立します。通常国会は、1月中に開会され、6月中に閉会します。ただ、通常国会は1回に限り、会期を延長することができ、また、臨時国会や特別国会が開かれることもありますから、法律が成立するタイミングはいろい

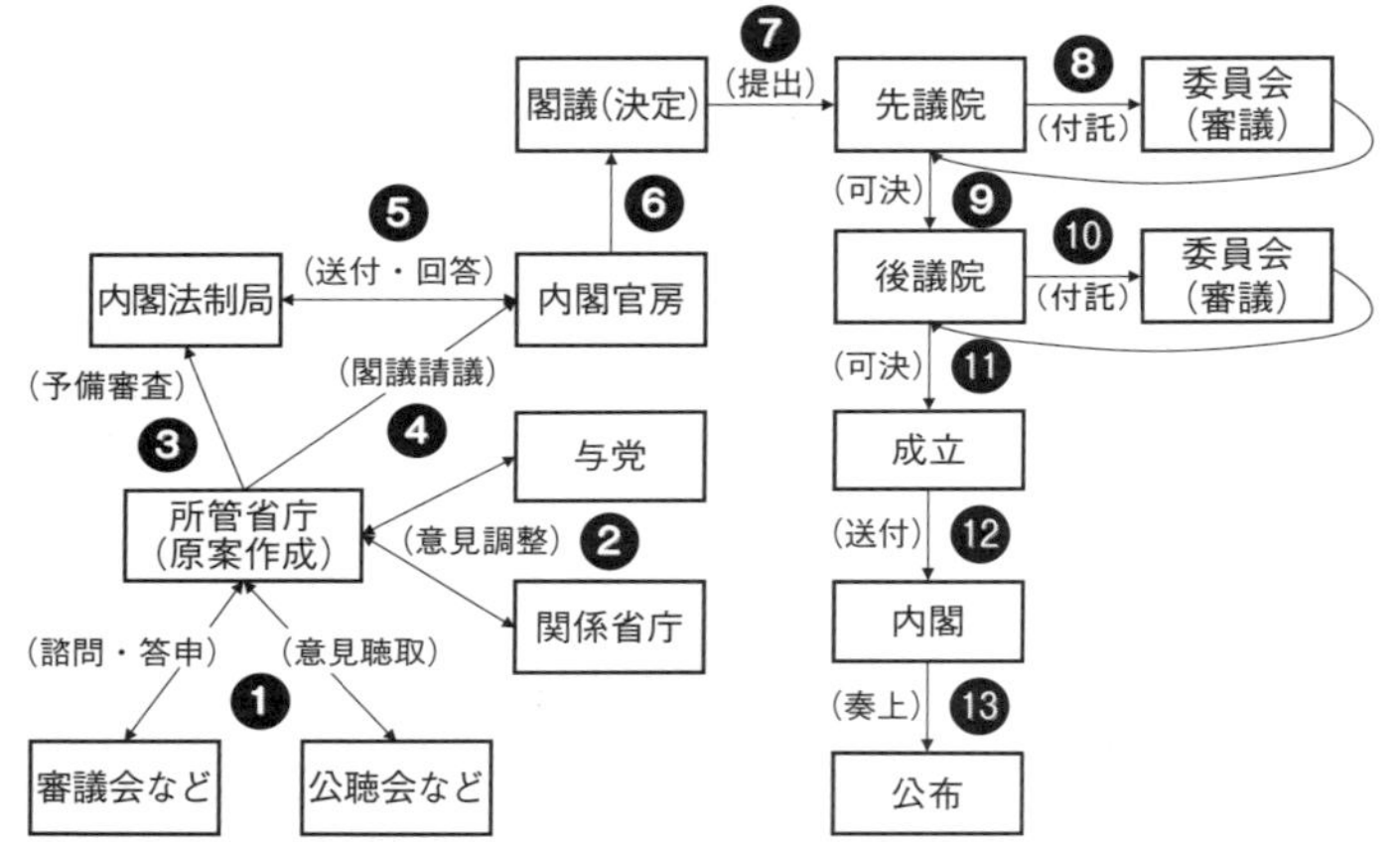

図表３－４　内閣提出法律案の公布までの流れ

ろです。

そのタイミングのひとつは、4月1日に施行しなければ国民生活に影響を与える、いわゆる日切れ法案が成立する3月末です。その後は閉会日に向けて順次、法律が成立していきます。

次に、条例は、通常、議会ごとに成立します。議会の開催時期は自治体によって異なりますが、かつて地方自治法で、定例会は「年4回以内で条例で定める回数」開催されるものとされていたため、年4回としているところが多く（別に臨時会が開かれることもあります）、多くの自治体では、3か月ごとの6月、9月、12月、3月といった日程で開かれます。

このようなスケジュールを頭に入れて、万が一にも法令や条例・規則などの制定改廃に気が付かずに誤った事務処理をしてしまうことがないよう、気を付けなければいけません。首長提出条例の成立までの具体的な事務の流れは、次頁図表３－５のフロー図のとおりです。

一般的に、首長提出条例の立案にあたっては、条例案、新旧対照表、条例案を提出する動機、背景、関連する法律、現行条例の運用状況その他必要な説明資料を作成します。

そして、条例案の内容が他の局部に関係する場合は、その局部と調整するとともに、条例案の審査を担当する局部（通常は総務課）の事前審査を受け、さらに、条例に罰金や科料などの罰則を定めるときには、事前に地方検察庁に協議をします。それらの調整、協議の結果を反映させて、議会への議案提出の起案をします。

そして、議会に議案が提出され、審議のうえ議会の議決を受けると、条例は成立し、議会は首長に議決書を送付し、首長が公布します。

条例案を議会に提出する権限（発案権）は、原則として首長と議会の議員とのいずれにもありますが、一部の条例案については、いずれか一方に専属しています。たとえば、地方事務所や局部の設置条例は首長のみに発案権があるとされ、議会の常任委員会や特別委

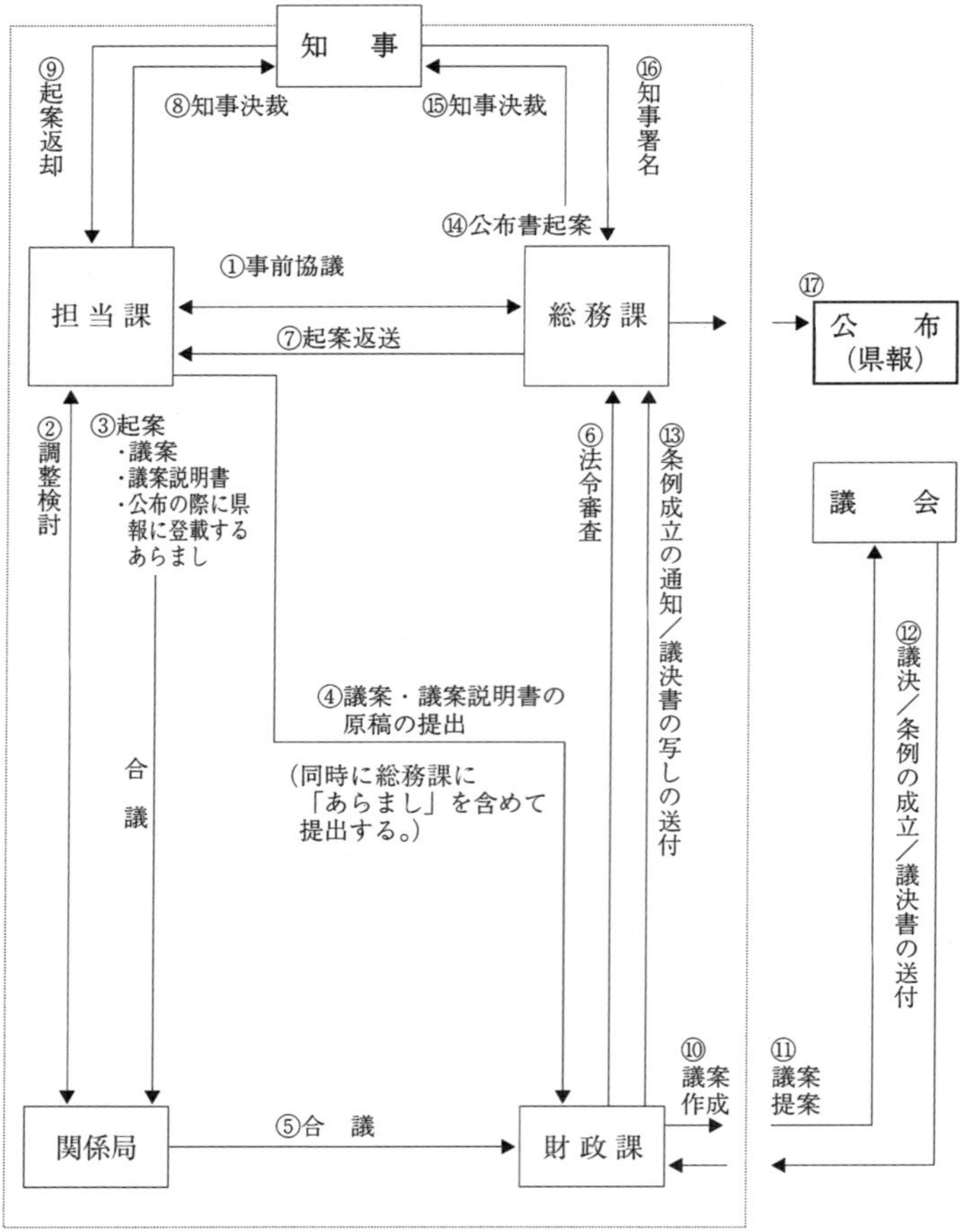

図表３－５　首長提出条例の公布までの流れ（広島県の例）
（『文書事務の手引　広島県』（ぎょうせい、平成16年）321頁を一部修正）

員会の設置条例は議員のみに発案権があるとされています。

議会が成立しないとき、特に緊急を要するため議会を招集する時間的余裕がないことが明らかであると認めるときなどは、例外的に専決処分することができるとされています（いわゆる「１７９条専決」）。そして、この場合は、次の議会に報告して承認を得る必要があります。

なお、政令は閣議で決定されたとき、省令は所管大臣の決裁が行われたとき、規則は知事の決裁を受けたときに成立し、公布されることにより効力が生じます。

第2節

何がよりどころですか　パートⅡ

根拠（法令・例規以外）

法令、例規の他にも、自治体では様々な形式の決まりごとが定められています。たとえば、訓令、通達、規程、要綱、基準、要領、マニュアル、手引などといった名称が付されているものです。

しかし、これらは、法令、例規と異なり、住民や裁判所を拘束する力は持っていません。というのも、単に行政内部での決まりごとにすぎないからです。

したがって、自治体職員が訓令、通達、要綱などに従って事務処理をしても、その事務処理が法令、例規に違反している場合には、誤った事務処理を行ったことになります。

したがって、それらの内容を鵜呑みにするのではなく、法令、例規に沿ったものになっているか、常に検証が必要です。

また、これらの名称の使い分けについては、全国統一のルールがあるわけではなく、名称とその形式とが一致しているとも限りませんので、題名にかかわらず、それぞれの文書がいかなる形式によるものであるのかについて確認することが必要です。たとえば、政令であれば、通常、〇〇施行令か〇〇に関する政令と題名が付され、条例であれば、〇〇条例という題名が付されますが、〇〇規程という名称の政令や条例も存在しますので（たとえば、地方自治法施行規程や土地区画整理事業規程など）、題名だけで、法令、例規ではないと判断することは危険です。また、〇〇要綱という題名であっても訓令として定められていることもあります。

1 申し渡す ●訓令、通達

訓令、通達は、管理監督権を有する機関（たとえば市長）が、その管理監督権の及ぶ範囲内の機関や職員に対して発出するもので、その機関や職員にとっては拘束力を持つものです。もう少し分かりやすくいうと、市長の訓令、通達に従わない市の職員は、職務義務違反に問われる可能性があるということです。

しかし、訓令、通達は、単に行政組織内部での拘束力しか持ち得ないものであるため、住民の権利義務に直接影響を与えることはできません。つまり、住民が訓令、通達に違反しても、違法にはならないのです。

次に、訓令と通達の使い分けですが、これは自治体によって異なっています。たとえば、訓令のうち書面によって行われるものを特に通達としている自治体もあれば、次のように使い分ける自治体もあります。

・訓令＝重要な事項や基本的な事項の一般的な規範

・通達＝細則的事項や運用方針に関する個別具体的な指示、命令

また、訓令、通達の中には、○○規程や○○通知といった題名が付けられているものもあります。

ところで、かつては、機関委任事務という事務区分があり、自治体（特に都道府県）の事務の多くを占めていました。この機関委任事務については、各省大臣から通達が発出され、首長は、その通達に従わざるを得ませんでした。これは、機関委任事務に関しては、各省大臣と首長とが上級行政機関と下級行政機関の関係にあるとされていたためでした。しかし、平成12年地方分権改革により機関委任事務が廃止されましたので、現在では、当時の通達はすべて効力を失っています。

そして、当時の通達に記載されていた内容の多くは、自治事務については技術的助言に、法定受託事務については処理基準に移行しました。

平成○年○月○日

各局・室・区長
行政委員会事務局長　様
公営企業管理者

△△副市長
（財政局財政課）

平成○年度の予算編成について（依命通達）

本市の財政は、歳入面では、昨年以降の急激な景気後退により、新年度の市民税が個人、法人ともに、本年度当初予算と比べ大幅な減少が見込まれる。

（中略）

平成○年度の予算要求に当たっては、以上述べてきた点を十分踏まえ、別紙「平成○年度予算編成要領」に基づいて要求するよう、命により通知する。

図表3－6　依命通達の例

技術的助言は、その名のとおり、国の自治体に対する協力として行われる助言にすぎず、法的拘束力はありません。「技術的」とは客観的なという意味であり、政治的、恣意的、主観的な判断によるものではないということです。なお、技術的助言として発出される通知文書には、通常、それが技術的助言である旨の記載があります（処理基準については次に述べます）。

また、通達の中には、依命通達と呼ばれるものがあります。これは、首長の補助機関（副市長など）が市長などの命を受けて発出するものです。したがって、発出者名は前頁図表３－６の例にあるように、市長ではなく副市長となります。

2　ハードルです　●基準

基準といっても、その意味は一様ではありません。自治体の現場では、次のような様々な基準が使われています。

・審査基準＝行政手続法・条例の規定により、許認可などの申請に対する処分について定める基準

・処分基準＝行政手続法・条例の規定により、改善命令などの不利益処分について定める基準
・処理基準＝国が法定受託事務について定める基準
・法令や例規に基づく基準＝景観条例による景観形成基準、消費生活条例による商品等の表示基準、大気汚染防止法による硫黄酸化物に係る総量規制基準など
・法令や例規に基づかない基準＝後援名義の使用承諾に関する基準、公共事業に伴う損失補償基準、資金貸付基準など

これらは、どれも基準と呼ばれていますが、その法的意味は異なります。したがって、名称に惑わされることなく、自らの事務処理に関係のある基準がどのような法的意味を持っているのかを見極めることが重要です。なお、○○事務処理要綱や○○に関するマニュアルといったものの一部として基準が記載されていることもあります。

それでは、先ほど列記した基準についてもう少し詳しく述べます。

審査基準は、申請により求められた許認可等をするかどうかをその法令の定めに従って判断するための基準です。住民から見れば、事前にどういった場合に許可になって、どういった場合に不許可になるのかという基準は重要な情報です。また、審査基準が定められ

ていることが、許可権者の恣意的な権限行使を抑制するとともに、住民の権利利益の保護にもつながります。そのため、審査基準は、行政手続法・条例で必ず定めることとされています。

処分基準は、改善命令や許可の取消し、営業停止命令といったいわゆる不利益処分をする際の判断基準です。処分基準の策定は、行政手続法・条例で努力義務とされています。努力義務ですので、必ずしも策定されているとは限りませんが、策定されている場合は、原則としてその処分基準に従った不利益処分を行う必要がありますので注意してください。

処理基準は、各省大臣が、法定受託事務を自治体が処理するにあたり、よるべき基準として定めるものです。具体的には、法令解釈、許認可の審査基準、調査様式などが一般的には処理基準として定められています。

処理基準を示す際には、必ずその旨を明らかにすることとされていますので、もし仮に国からの通知文に処理基準とも技術的助言とも記載されていない場合は、通常は技術的助言と考えて構いません。

なお、この処理基準には法的拘束力が認められる（処理基準どおりに事務を処理しなければならない）場合がありますので、法定受託事務を処理する際には、処理基準の有無に

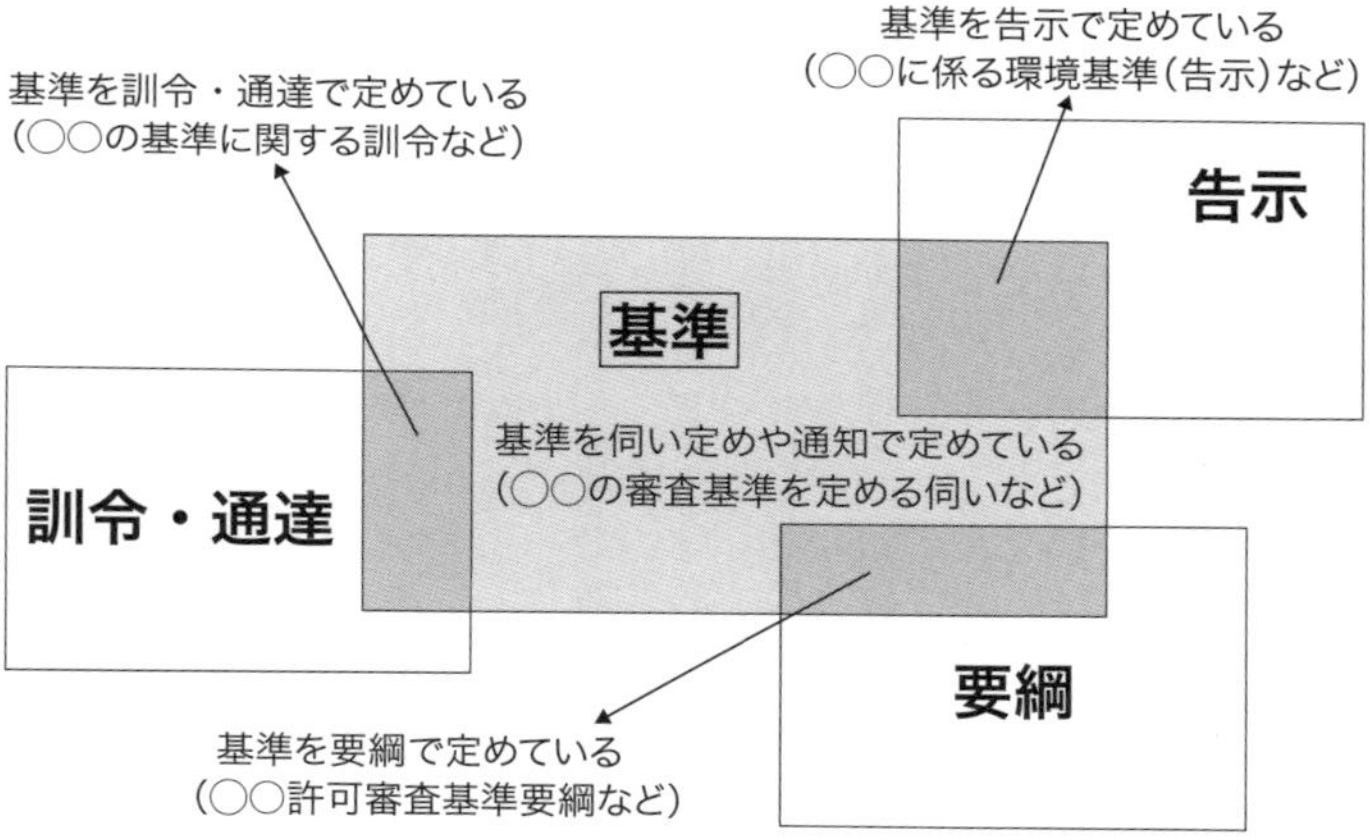

図表３－７　基準の形式

留意してください。

そして、これらの基準は、告示、訓令・通達、通知、要綱、伺い定めなど形式を問わずに定められています（図表３－７）。そのためもあってか、行政手続法・条例の施行時に審査基準を定めたにもかかわらず、存否不明になっている事例もあるようです。もし見当たらない場合は、職場の同僚に尋ねるなどして、自分の担当事務についての審査基準を確認してみましょう。

3　特定の法形式を意味しない　●規程

規程という用語は、法令や例規のような本則・附則、条項号といった形式により一定の目的をもって定められた一連の条文の固まりを指して使うこともありますし、そのような一連の条文の固まりに対して題名の一部として付されることもあります。

後者の例として、勅令である砂防法施行規程、訓令である公用文に関する規程や決裁規程、選挙管理委員会告示である公職選挙事務取扱規程、人事委員会訓令である人事委員会事務局処務規程などがあります。また、法律上、規程という文言が使用されている例としては、公営企業管理者が定める企業管理規程があります。

4　便利だけど効力はない　●要綱、要領、マニュアル、手引

要綱は、自治体内部での決まりごと、内部的指針にすぎません。したがって、要綱そのものが住民を拘束することは、原則としてありません。窓口などで、「要綱にこう書いて

要綱、マニュアルの鵜呑みは危険

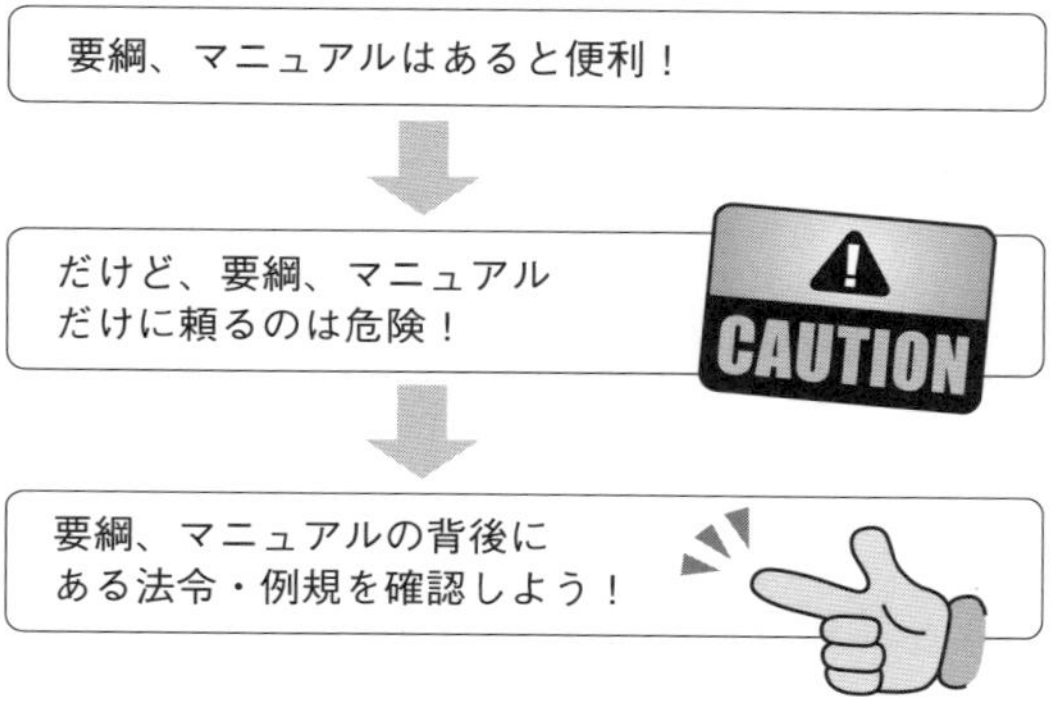
要綱、マニュアルはあると便利！
だけど、要綱、マニュアル
だけに頼るのは危険！
CAUTION
要綱、マニュアルの背後に
ある法令・例規を確認しよう！

ありますからダメなんです」といったことは言えませんし、言っても、それはあくまでも行政指導（＝お願い）にしかなりません。

たとえば、要綱の中で最も有名な公共用地の取得に伴う損失補償基準要綱（閣議決定）は、実務では金科玉条とされています。しかし、それでも要綱ですので、住民に対して強制力はありません。

要綱行政、特に、行政指導要綱によるものは、行政指導の内容に不満があっても行政事件訴訟で争えないといった問題点などがあり、しばしば批判されます。しかし、要綱そのものの意義は一概に否定されるものではありません。たとえば、どのように事務を処理したかという過去の経験を踏まえて標準作業手続を要綱として定めること自体は、合理的なものです。ただし、その事務処理が適切か否かについて、適宜見直すことを怠らないようにすることが重要です。

なお、要綱の他にも、要領、マニュアル、手引といった文書が内部的指針として存在します。

これらは、たとえば、要綱には大綱的なものを定め、要領には手続的なものを定めるといった一定程度の使い分けがなされる場合もありますが、あくまでも自治体内部の取決めにすぎません。職場でそれらの文書が使い分けられているとしても、それは、それぞれの自治体の便宜上のものですので、対外的に通用するものではありません。

なお、要綱は、その性格に応じて、補助金交付要綱、行政指導要綱、事業実施要綱、組織設置要綱、事務処理要綱などに区分することができます。ただし、たとえば、事業実施要綱の中に組織の設置についての規定や補助金の交付についての規定があるといったように、ひとつの要綱が複数の性格を持っている場合もあります。

5　手助けします　●補助金交付要綱

補助金交付要綱は、職員や申請者によって取扱いがバラバラにならないよう、補助金交付事務のルールについて内部的な取決めとして定めたものです。そのため、住民に対する拘束力はありませんが、補助金の交付申請者は、その要綱に同意して補助申請していますので、その限りで拘束されることになります。

補助金の交付申請があった場合は、原則として、その要綱に従って交付申請の内容を審査し、交付の要件を満たしていれば交付決定の起案をし、その要件を満たしていなければ不交付の決定の起案をします。

自治体では、通常、補助金交付要綱とよく似た名称の「補助金等交付規則」が制定されていますが、補助金等交付規則は、主に、補助金の交付決定などに際しての手続的な制約を定めたものです。したがって、補助金の交付の具体的な作業は、この規則の規定に従って行う必要があることに注意しなければいけません。

このため、補助金の交付決定の起案には、通常、補助金交付要綱と補助金等交付規則の両方を記載することになります。

なお、ここでは、一例として、市単独補助金交付要綱の例を示しておきます。

【要綱例】

（補助金の名称）交付要綱

（趣旨）

第1条　この要綱は、○○○に資するため、○○○の事業に要する経費に対し予算の範囲内において補助金を交付するものとし、その交付に関し、○○市補助金等交付規則（昭和○年○○市規則第○号。以下「規則」という。）に定めるもののほか、必要な事項を定めるものとする。

（補助の対象となる事業）

第2条　補助の対象となる事業は、次に掲げる事業とする。

(1)　○○○に関する事業

(2)　△△△に関する事業

(3)　前2号に掲げるもののほか、□□□に関する事業であって、市長が必要と認めるもの

（補助の対象となる経費）

第3条　補助の対象となる経費（以下「補助対象経費」という。）は、前条各号に掲げる事

業の区分に応じ、別表に掲げる経費とする。

2 前条の補助の対象となる事業における補助対象経費に対して他の団体若しくは個人からの寄附金、負担金若しくは補助金がある場合又は第10条ただし書の規定により概算払を受ける場合において預金利息が生じた場合は、これらを控除した額を補助対象経費とするものとする。

（補助額）

第4条 補助金の額は、予算の範囲内において、補助対象経費の○分の○以内とし、その上限は、○○円とする。

2 前項の規定により算出した補助金の額に○円未満の端数があるときは、その端数金額を切り捨てるものとする。

（交付の申請）

第5条 規則第○条第○項の規定による補助金交付申請書の様式は別記様式第○号のとおりとし、同項第○号の規定により添付しなければならない書類は次に掲げるとおりとする。

(1) ○○○

(2) ○○○

(3) ○○○

2　補助金の交付の申請をしようとする者は、○月○日までに、前項各号に掲げる書類を市長に提出しなければならない。

（交付の条件）

第6条　規則第○条第○項の規定により付する条件は、次のとおりとする。

(1)　補助事業に要する経費の配分について、別表に掲げる経費区分につき○パーセントを超える変更をする場合は、市長の承認を受けること。

(2)　補助事業の内容について、○○を変更する場合は、市長の承認を受けること。

(3)　補助事業を中止し、又は廃止する場合においては、市長の承認を受けること。

(4)　補助事業が予定の期間内に完了しない場合又は補助事業の遂行が困難となった場合においては、速やかに市長に報告し、その指示を受けること。

(5)　○○○

2　補助事業者（補助事業を行う者をいう。以下同じ。）は、前項各号の承認又は指示を受けようとする場合は、同項第1号又は第2号の場合においては別記様式第○号による変更承認申請書を、同項第3号の場合においては別記様式第○号による中止（廃止）承認申請書を、同項第4号の場合においては別記様式第○号による遅延等報告書を、速やかに市長に提出しなければならない。

（申請の取下げ）

第７条　規則第○条第○項の規定による申請の取下げをすることができる期間は、規則第○条の通知を受領した日から起算して○日以内とする。

（遂行状況報告）

第８条　補助事業者は、規則第○条の規定により、○月末現在における補助事業の遂行状況について、別記様式第○号による補助事業遂行状況報告書により、○月○日までに市長に提出しなければならない。

（実績報告）

第９条　補助事業者は、補助事業が完了したときは、完了した日から○日を経過した日又は補助金の交付の決定に係る市の会計年度が終了した日のいずれか早い日までに、別記様式第○号による補助事業等実績報告書に、次に掲げる書類を添えて、○部を市長に提出しなければならない。

(1)　事業実績報告書

(2)　収支決算（見込）書

(3)　○○○

（補助金の交付等）

第10条　補助金は、精算払により支払う。ただし、必要があると認められる場合には、概算払をすることができる。

（財産の管理、処分）

第11条　補助金により取得し、又は効用の増加した財産のうち、規則第○条第○号及び第○号の規定により市長が定める処分を制限する財産は、取得価格又は効用の増加価格が単価○万円以上の財産とする。

2　規則第○条の財産処分の制限期間は、当該財産の耐用年数とする。

3　補助事業者は、処分を制限された財産について規則第○条の承認を受けようとする場合は、別記様式第○号による取得等財産処分承認申請書を市長に提出し、市長の承認を受けなければならない。

4　市長は、前項の承認に係る財産を補助事業者が処分したことにより当該補助事業者に収入があったときは、その収入の全部又は一部を市に納付させるものとする。

5　補助事業者は、第1項に規定する財産を取得した場合は、事業完了後速やかに別記様式第○号による取得財産管理台帳を市長に提出し、善良な管理者の注意をもって管理しなければならない。

6　補助事業者は、前項の財産を取得財産管理台帳記載の保管場所から移動する場合は、別記様式第○号による取得財産移動届を市長に提出しなければならない。

7　補助事業者は、補助金により取得した備品に、取得年度及び補助金名を記載した標識を付さなければならない。ただし、その品質、形体等により標識を付し難いと認める備品については、この限りではない。

（補助金の経理書類の保管）

第12条　規則第○条の規定による帳簿及び書類を保存しなければならない期間は、補助事業が完了した日の属する会計年度の終了後10年間（前条第1項に規定する財産がある場合にあっては、同条第2項に定める期間）とする。

2　補助事業者は、前項に規定する書類について、市長の求めがあったときは、速やかに市長に提出しなければならない。

（事業の成果の普及等）

第13条　市長は、補助金の交付を受けて行った事業の成果について必要があると認めるときは、補助事業者に発表させることができるものとする。

（実施規定）

第14条　規則及びこの要綱に定めのない事項は、その都度市長が定める。

附　則

この要綱は、平成○年○月○日から施行する。

別表（第3条関係）

事業区分	事業内容	補助対象経費	
		経費区分	経費区分の内容
○○事業	1・・・・ 2・・・・	謝金・旅費	専門家謝金、職員旅費
		事務費	○○、○○、・・・

別記様式（略）

補助金交付要綱は、通常、地域ニーズや首長等の指示などを端緒に作成に着手し、補助目的、補助対象（者）、補助対象経費、補助率、補助金額といった内容を詰めていくことになります。その際には、補助金を交付することの「公益性」、「必要性」、「有効性」、「公平性」を十分に検討し、整理しておく必要があります。

まず、「公益性」とは、公益上の必要性ということですが、補助金交付の目的や内容が、住民の利益や福祉の向上につながるかどうかということです。

次に、「必要性」とは、公益性があることを前提に、補助金の交付による積極的な政策誘導が必要か、より効果的な、あるいは低廉な代替手段がないかということです。

さらに、「有効性」とは、補助金の交付によって住民の利益や福祉の向上がどの程度見込めるのか、それは客観的に測られるものかということです。

最後に、「公平性」とは、特定の者に補助金を交付することが他の者との関係で不公平にならないかということです。

ここで、補助金に係る事務処理の留意点をいくつか触れておきます。

まず、補助と委託の違いを意識していないケースが散見されますので、そのことについて述べます。

「委託」は、自治体の事務を受託者に行わせるものですので、原則、経費のすべてを委託費として支払う必要があります。それに対し、「補助」は、補助事業者が主体として行う事業に対して、それを奨励するなどのために資金を助成するものですので、通常は、経費のすべてが補助の対象となることはありません。

次に、補助金は税金が原資ですから、先ほど述べたように公益性が必要であり、それを具体化するものとして、通常は、補助要件が定められています。補助要件に合致しない補助金の交付は認められません。また、通常は、予算の範囲内という制約があります。

さらに、補助金は、事業者が企図している公益性のある事業に対して、それを実施できるよう交付するものですから、事業者が自らの資金計算によってすでに着手している事業に対しては、補助をする理由がありませんし、その補助金は、別の事業者に交付することが有益です。したがって、事業着手後の申請は認められないのが通例です。

6　指導のルール　●行政指導要綱

行政指導要綱とは、行政指導の内容などを定めたものです。宅地開発指導要綱やゴルフ場開発指導要綱などが該当します。行政指導要綱は、職員によって指導内容がバラバラにならないよう行政指導の共通ルールとして行政内部で取り決めたものです。

したがって、行政指導要綱そのものが住民を拘束するものではありません。あくまでも、相手方の任意の協力を求めるためのものです。したがって、行政指導要綱に従わないからといって相手方に不利益な取扱いを行うといったことをしてはいけません。なお、行政手続法では、このような要綱を行政指導指針と呼んでいます。

7 仕事をどう進めるか ●事業実施要綱

事業実施要綱とは、自治体が行う様々な行政サービスについて、その事業の内容や対象者などを定めたものです。たとえば、看護職員復職支援事業実施要綱（未就業看護職有資格者を対象に就業を促進するための看護実践研修を実施するもの）、広告事業実施要綱（市の財源確保のため市有財産を広告媒体として活用して広告事業を行うもの）、相談支援事業実施要綱（障害者などからの相談に応じて必要な情報の提供や助言を行うもの）など、様々な分野に数多くの事業実施要綱があります。

このような要綱も、職員が行政サービスを提供する際の共通ルールとして行政内部で取り決めたものにすぎません。したがって、事業実施要綱に規定されているからといって、その行政サービスを受ける権利が対象者に付与されるといったものではありません。

8　誰を集めて何をするか　●組織設置要綱

組織設置要綱とは、自治体の内部組織の設置の根拠となる要綱です。具体的には、個人情報保護制度運営協議会設置要綱、ＩＴ推進本部設置要綱、計画策定ワーキンググループ設置要綱など、様々なものがあります。

なお、ここでいう内部組織は、原則として、その自治体の職員のみで構成されるものを指します。というのも、附属機関と位置付けられる組織（審議会など）は、条例により設置する必要があるからです（附属機関条例主義）。この点については、最近、条例で設置すべき審議会などを要綱で設置したことを違法だとする地裁判決・高裁判決が立て続けに出されていますのでご注意ください。

組織設置要綱も行政内部の取決めとして定めたものにすぎませんので、要綱により設置された会議での話合いの結果が、直ちに対外的な効力を有するといったことはありません。

9 手順を決めておく ●事務処理要綱

事務処理要綱とは、行政内部での事務処理の手順などを定めた要綱です。マニュアルや手引といった表現で定められることもよくあります。

具体的には、各局部にまたがっている事務について共通する手順や、個別分野の事務処理の手順を定めたもので、給与事務処理要綱（給与の支払手続などを定めたもの）、情報公開事務取扱要綱（情報公開請求を受けた際の手順などを定めたもの）、入札事務処理要綱（入札の方法や開札の手続などを定めたもの）などがあります。

事務処理要綱も、職員が誤りなく事務処理ができるよう文書化されているにすぎません。したがって、当然ながら、住民を拘束することはありません。

訓令、通達、要綱は、くどいようですが、直接、住民を拘束するものではありません。しかし、自治体職員にとっては、職務命令であったり、事務処理の統一性を図るために作成されたものであったりしますので、無視することはできません。したがって、起案に際しては、法令、例規だけでなく、訓令、通達、要綱も根拠として記載することになります。

第3節

どうしてそうするのですか？

起案の理由

1 理由のない起案はない　●理由作成上の留意点

起案には、通常、なぜその起案をするのかの「理由」を記載します。本来、理由は決裁権者や承認者の判断を容易にするために作成するものです。しかし、最近では、住民や監査機関、議会への説明責任といった観点から、対外的にも分かりやすく説得力のある理由を記載することが求められるようになっています。

そして、そのような理由を適切に記述するためには、次のような点に留意する必要があります。

・起案の目的を起案者自身がしっかりと理解する。
・上司の処理方針や起案に至るまでの経緯、これまでの取扱いを確認する。
・起案に関係する法令などに精通する。

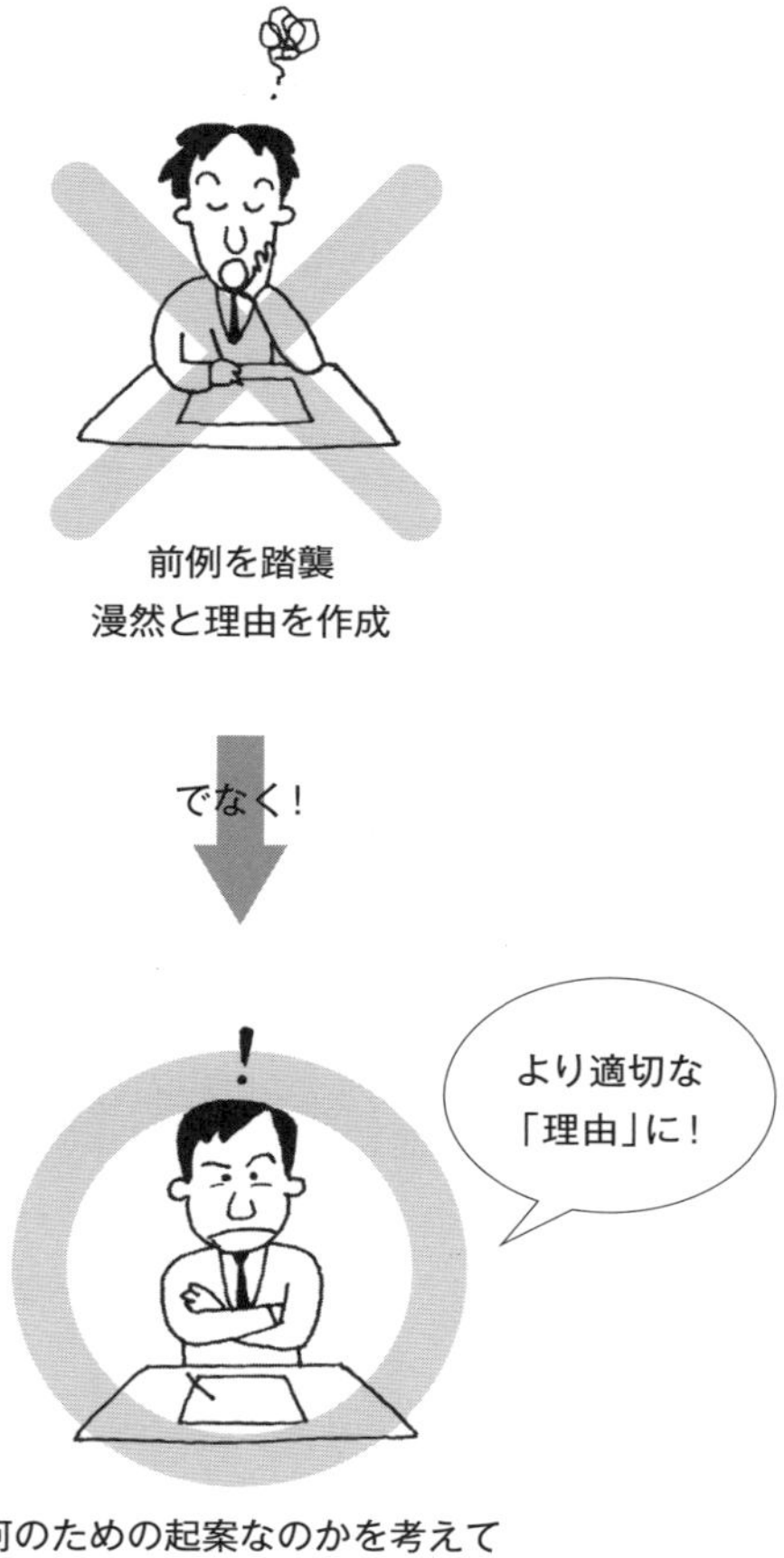

図表３－８　理由を作成する際のスタンス

・記述内容が明瞭かつ必要にして十分な内容となるように、事前に書くべきことを整理する。
・記述内容の順序を考え、できるだけ短い文で区切る。
・大げさな修飾語などを排し、分かりやすい表現で作成する。

つまり、記述内容が冗長で要領を得ないために何度も読み返さなければならない、あるいは、省略しすぎて、以前から事情を十分に理解しているか、行間を読まなければ理解できない、といったことでは問題があるということです。

その他、最近では、電子決裁が浸透してきたことから、類似の案件についての前例をコピー・アンド・ペースト（コピペ）することも増えてきました。コピペすること自体は問題ありませんが、内容を十分に理解することなく漫然と行うことのないように注意する必要があります（前頁図表3－8）。

それでは、具体的な理由の例を示します。なお、以下に挙げる例は簡単なものですが、複雑な案件については、決裁権者や承認者の理解を容易にするため、図表を組み合わせるなどした説明ペーパーを添付することが適当です。

2 伝える ●通知

一般的な通知について起案する理由の例を示します。

(理由)
○○省△△局長から□□事業について別紙のとおり連絡があったところ、本市内に該当する事業者として◇◇があり、この連絡の内容について通知する必要があるため。

※ 定例的な通知については、わざわざ「理由」を記載しない場合もあります。

3 皆に知らせる ●公示

法令に基づく公示について起案する理由の例を示します。

（理由）

当該土地は、中小河川改修工事が完了したことから、河川管理上不要であり、廃川して売り払っても支障はないので、公用廃止を行い、その旨を公示する。

廃川後は、法定管理期間後、財務局に引き継ぎ、市有財産として譲与を受け、買受要望者に売り払う予定である。

※ 廃川すること、公示すること、廃川後の処理方針を説明している例です。

4 許す ●許認可

行政財産の使用を許可する理由の例を示します。


（理由）

行政財産の使用許可に基づき庁舎通路に設置している自動販売機が老朽化したことにより、当該自動販売機を取り替える必要があるため。

なお、新たに設置される自動販売機は、現在、設置している自動販売機と比し、占有面積が1.2倍となるが、通行に支障が生じることはなく、商品数も2倍以上となり、利用者にとっての利便性は高まる。

※ 許可が必要な背景、庁舎の本来の使用に支障がないこと、利便性があることなどを記載し、使用許可が適当である旨を説明しています。

5 設ける ●要綱策定

組織設置要綱を制定する理由の例を示します。

（理由）
○○といった事案に見られるように、△△に関する施策を積極的に推進する必要性が高まっている。
このため、△△に関する施策を推進する全庁的な推進体制として、総合調整機能を持った□□市△△施策推進協議会を設置することとし、これに係る設置要綱を制定する。
なお、この協議会設置要綱の制定に伴い、□□市◇◇施策推進本部設置要綱は、廃止する。

※　全庁的な推進体制を確立するための協議会を設置する旨と既存の推進本部を廃止する旨を説明しています。

6　お願いする　●他の行政機関への申請

他の自治体へ許可申請する理由の例を示します。

（理由）
市役所本館敷地と別館敷地の間の県道に、県知事の道路占用許可により、電話及び放送設備の通信ケーブルを通した引込管を埋設しているが、平成○年○月○日をもって占用期間が満了することから、継続許可を申請し許可を受ける必要があるため。

※ 許可を申請する旨の説明をしています。

コラム

法律に違反した省令

法律は憲法に、政令は憲法・法律に、府省令は憲法・法律・政令に違反できません。そのため、法律に違反するような政令や府省令がつくられることはないはずなのですが、実際には、裁判所により法律違反だとされた事例があります。

たとえば、平成25年の最高裁判決では、薬事法施行規則（省令）が、第一類医薬品及び第二類医薬品のインターネットを含む郵便等販売を一律に禁止していることについて、薬事法の規定からは、そのような規制を省令へ委任していると解するのは困難であり、省令は、郵便等販売を一律に禁止することとなる限度において、薬事法の委任の範囲を逸脱した違法なものとして無効だと判示しました。

また、平成15年の最高裁決定では、戸籍法が、子の名に用いることができる文字を常用平易な文字とし、その範囲を省令（法務省令）に委任しているところ、省令に社会通念上、常用平易であることが明らかな文字である漢字の「曽」が含まれていないことは、戸籍法による委任の範囲を逸脱するものとして違法、無効だと判示しました。

自治体においても、法律の委任を受けた条例や、条例の委任を受けた規則を制定し、あるいは改正することがありますので、担当者となった場合には、こうした事例を思い出してください。

第4章

起案の際の注意点

キチンとチェック
起案の際に確認すべきこと

行政の活動は、常に、何らかのルールに従って行われます。ルールには、たとえば、次のようなものがあります。

・何らかの行為をするための根拠を定めたもの（根拠規範）。
・何らかの行為を所属する組織が行うことを定めたもの（組織規範）。
・何らかの行為をする際の手続や内容に制約を設けたもの（制約規範）。

これらは、あくまでも類型であって法律に何がどの規範かと書かれているわけではありません。

たとえば、自治体職員が法令に違反している者に対して、違反状態を解消させようとするときには、まず、根拠規範が必要となります。つまり、何らかの行為をする（たとえば改善命令を出す）ための根拠となる法令、例規が必要だということです。そして、それを前提として、その改善命令を出す権限を、その自治体職員が所属する組織に対して付与した組織規範が必要になります。そして、制約規範に従った手続と内容で、改善命令を行う

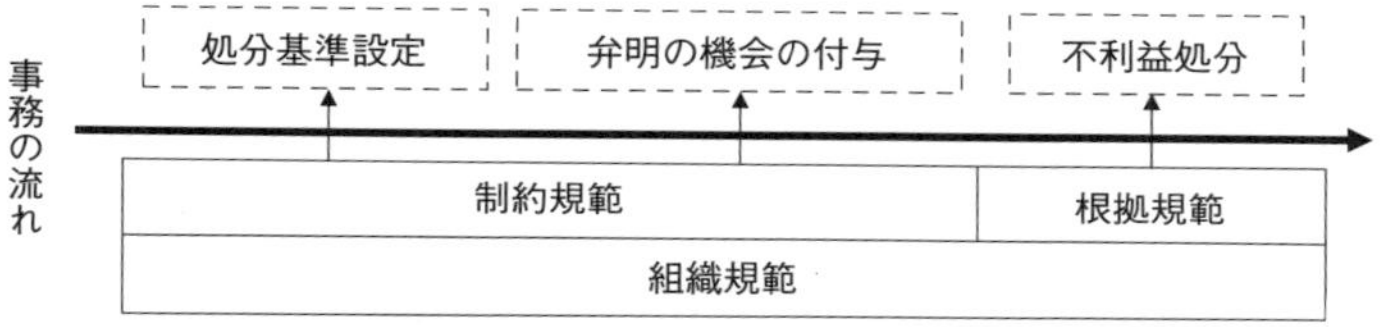

図表４－１　不利益処分（改善命令）の場合

ことになります（図表４－１）。

１　権利と自由を制限するときは ●根拠規範

それでは、それぞれの規範について、もう少し詳しく説明します。最初に、根拠規範を取り上げます。

自治体は、許認可や補助金の交付、情報提供による意識啓発や広報活動、公共事業など様々な手法を駆使して、地域の課題を解決し、地域のニーズを満たしています。

このうち、許認可などのような権力的手法については、法律か条例に基づくことが必要とされています。

その理由は、法律／条例が国民／住民を代表する国会／議会によって制定されており、それゆえ国民／住民が自らの意思で自らの権利を制限し（あるいは賦与し）、義務を課する（あるいは免じる）ことに、国会／議会を通して同意していると考えられるか

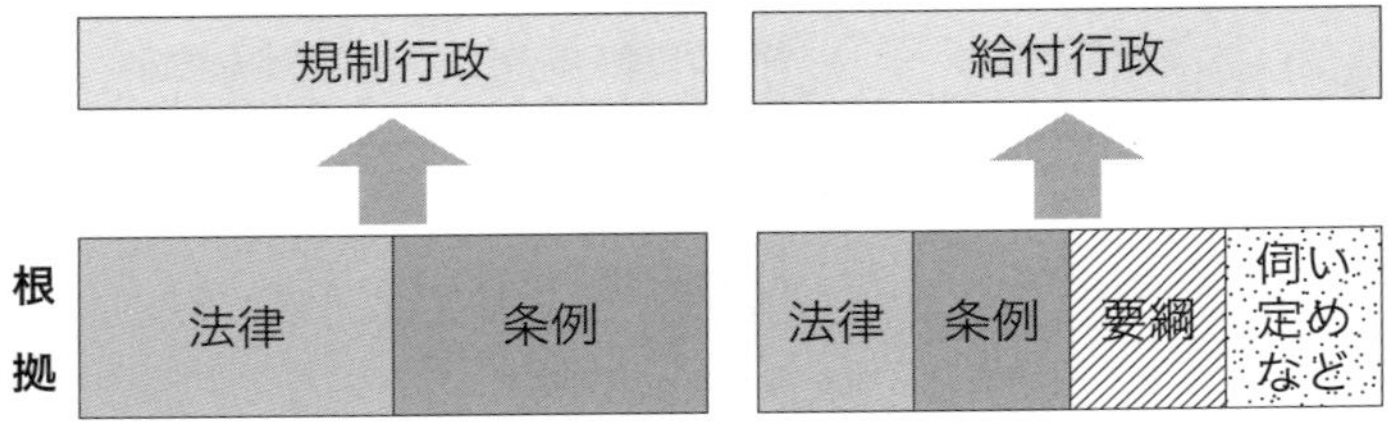

図表4－2　規制行政と給付行政それぞれの一般的な根拠

らです。

権力的手法が用いられる分野は、典型的には、営業規制や環境規制、土地利用規制といった規制行政の分野であり、この分野では必ず根拠規範（権限規範あるいは授権規範と呼ばれることもあります）が必要となります。

たとえば、自転車を放置している者に対し撤去命令を出したいと思っても、そのことを根拠付ける法律や条例がなければ、そのような命令を発出することはできません。したがって、行政指導などで対応するしかありません。

仮に、そのような根拠規範がないにもかかわらず、一方的に権利を制限し、義務を課している場合は大問題です。

また、金銭の給付やサービスの提供といった給付行政であっても、生活保護や水道の供給などのように根拠が法律や条例に設けてある場合もあります（図表4－2）。

なお、起案に際しては、規制行政の場合は必ず法律や条例に根拠がありますので、その法律や条例の題名と該当する条文を記載します。

さらに、法律や条例だけで完結せず、たとえば、規制の対象や申請に必要な書類などが政令や府省令、規則に委任されている場合には、それらの政令や府省令、規則も確認し、起案に根拠として記載します。

2 権利と自由は制限しないけど ● 根拠が要綱の場合

自治体は、法令や例規がないからといって、地域の課題やニーズを無視するわけにはいきません。そのため、自治体自ら各種の事業を実施し、直営できないときは業務委託契約や請負契約を締結し、あるいは補助金を交付するといった手法を用いて地域の課題やニーズに対応しています。そのような活動の処理方法を定めるため、通常は、要綱、要領、手引、マニュアルなどが策定されています。

なお、このような給付行政の分野だけでなく、規制行政の分野でも、実務上の便宜から事務処理の標準作業手順として要綱を定めて、事務の効率化を図っていることもあります。

このような要綱の作成自体は合理的なものですが、規制行政の分野では、その要綱そのものが根拠となるわけではありません。その背後には必ず法令、例規があるはずですので、その法令、例規についてしっかりと目配りをし、その内容を適宜確認することが重要です。なぜなら、そうしなければ、要綱が一人歩きし、法令、例規に反した違法な事務処理を行う危険性があるからです。

3　これを守らないとアウトです　●制約規範

次に、組織規範を後回しにして制約規範を取り上げます。

自治体職員には、住民に対する恣意的な対応や、不適切な補助金の交付、不適当な行政指導といった、恣意的、不適切、不適当な事務処理を行うことがないよう、法令、例規により、様々な制約が課されています。これを制約規範（規制規範あるいは手続規範と呼ばれることもあります）といいます。

具体的な制約規範としては、行政手続法・行政手続条例、補助金等に係る予算の執行の適正化に関する法律、補助金等交付規則、契約規則などが挙げられます。

たとえば、行政手続法・行政手続条例は、許認可や改善命令などを行う根拠が個別の法律や条例に存在することを前提として、それらの行為が公正に行われるように手続を定めたものです。また、補助金等交付規則は、補助金が交付できることを前提として、適正な補助金事務が行われるように、補助金の交付方法や交付を受けた事業の監督方法について定めているものです。

その他にも、制約規範は、各個別法や条例・規則の条項にも置かれていることがあります。たとえば、「この条例の適用に当たっては、表現の自由その他の日本国憲法に保障された基本的人権を不当に侵害するようなことがあってはならない。」といったように権限行使に当たっての制約を規定している条例もあります。

自治体職員は、それらの制約規範を守って適切な事務処理をしなければなりません。

4 行政処分のときに守るルール ●行政手続

行政手続法・行政手続条例について、ここでは少し詳しく解説します。行政手続法・行政手続条例は、公正に行政の行為が行われるように、行政の恣意的・独断的な判断の防止と、住民に予見可能性を与えるための手続を定めたものです。

		申請に対する処分	不利益処分
定　義		許認可等を求める申請に対し、諾否の応答をする処分	特定の者に対し義務を課したり、権利を制限したりする処分
例		営業の許可、不許可	営業の停止命令、開発許可の取消し
基準	設定	審査基準・標準処理期間を設定	不利益処分に係る処分基準を設定
	公表	設定した場合は、公にする義務あり	努力義務
手　続		審査開始義務	聴聞又は弁明の機会を付与
		拒否処分・不利益処分をする場合は、通知書等に理由を記載する（理由提示）。	

（網掛け）は義務付けられているもの。他は努力義務

図表４－３　申請に対する処分と不利益処分の違い

まず、行政処分について、これを申請に対する処分と不利益処分のふたつに区分しています（図表４－３）。申請に対する処分とは、たとえば、営業許可のように、営業許可を受けたい者が申請をして、それに対して許可をするというものをいいます。つまり、住民などから申請といった形でアクションがあって初めて行政側が行う処分のことです。

申請に対する処分については、行政側に、審査基準を定めて、それを窓口に備え付けるなどにより公にするよう義務付けています。審査基準の内容は、１２４頁で述べたとおりです。

また、同様に、行政側に標準処理期間を定めるよう努力義務が課せられており、それを

定めたときは、公にするよう義務付けられています。標準処理期間とは、先ほどの例でいえば、営業許可の申請が出され申請書が到達してから営業許可が行われるまでの通常要する標準的な事務処理の期間をいいます。あくまでも標準的な期間を目安として示したものですので、必ずこの期間内に処分が行われることを保証したものではありません。また、申請を受け付けてから申請書の不備により申請者に補正してもらう期間は含まれません。

その他、事業者や住民から申請があった場合には、申請書の受理（受付）を拒否する、申請書を返戻するといったことは許されず、遅滞なくその申請の審査を開始する努力義務が設けられています。

不利益処分とは、たとえば、法令に違反している事業者に対して改善命令を出す、あるいは、営業許可を取り消すといった処分をいいます。つまり、申請に対する処分とは異なり、住民などからのアクションは前提とならず、行政側が主導的に行うものです。

不利益処分については、処分基準を定め、公にするよう努力義務が設けられています。申請に対する処分の審査基準が義務付けであったのに対し、処分基準は努力義務となっている点に注意してください（183頁も参照）。また、不利益処分を行う場合には、事前に聴聞や弁明の機会を付与するよう義務付けられています。

聴聞は、許認可の取消しなど、資格・地位を剥奪するような重い不利益処分をする場合に、処分を受ける者が口頭で反論する場を提供するものです。

弁明の機会の付与は、聴聞までには至らない処分をする場合に、処分を受ける者が弁明書や有利な証拠等を書面によって提出することにより反論する簡易な手続です。

次に、行政手続法・行政手続条例は、申請に対する処分と不利益処分とにかかわらず、行政機関の判断の公正性を担保し、不服申立て等の便宜を図るため、その処分を行う理由を提示することを義務付けています。

提示すべき理由の内容・程度については、単に行政処分の根拠規定を示すだけでは不十分で、どのような事実関係によってどの条項が適用されたかを申請者が知ることができるものとするよう求められています。もし、理由の提示に不備があった場合は、裁判所によって行政処分が取り消されることもありますので、注意してください。

行政処分についての起案をする際には、この行政手続法・行政手続条例の手続に沿ったものになっているかどうかを確認しなければいけません（図表4－4）。

なお、ここで行政手続法と行政手続条例の関係について整理しておきます。

許認可や改善命令といった処分の根拠が法律（法律に基づく政省令等を含む）にある場

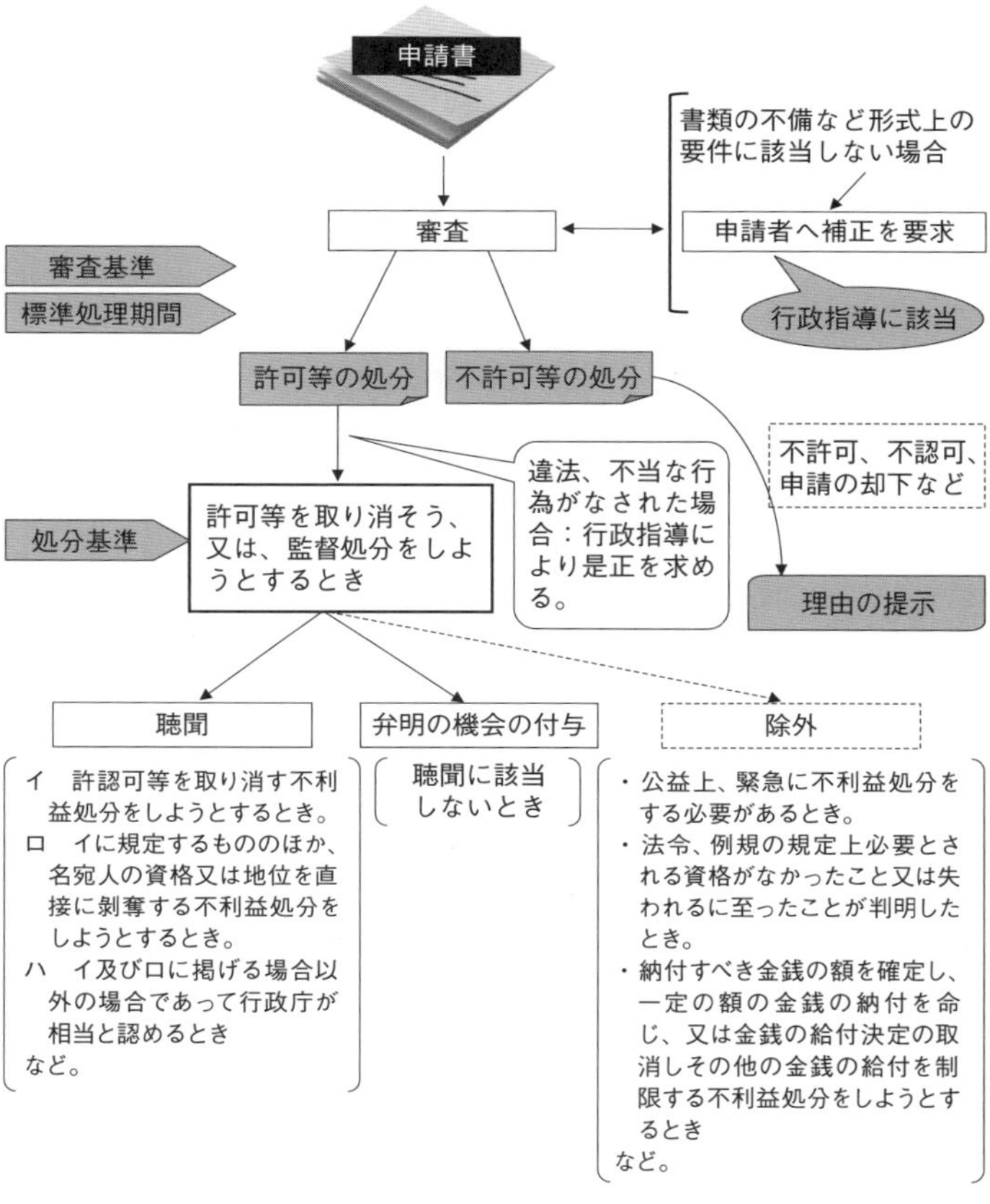

図表４－４　申請に始まる行政手続全体の流れ

合は、行政手続法の適用となり、その根拠が条例や規則にある場合は、行政手続条例の適用となります。一方、行政指導については、行政手続法と行政手続条例の双方に一般原則などが規定されており、国が行う行政指導については行政手続法が、自治体が行う行政指導については、それぞれの自治体の行政手続条例が適用されます。少し分かりにくいのですが、行政処分はその根拠が法律なのか条例なのかによって、行政指導は誰がそれを行うのかによって、行政手続法が適用されるのか、行政手続条例が適用されるのかが異なることになります。つまり、自治体職員の場合は、行政処分をする際には、その根拠に応じて行政手続法と行政手続条例の適用を使い分ける必要があり、行政指導をする際には、行政手続条例の適用を受けることになります。

たとえば、食品衛生法に基づく営業許可をする際には、根拠が法律ですので、行政手続法が適用されます。ところが、市民体育館のような公の施設について条例に基づく使用許可をする際には、根拠が条例ですので、行政手続条例が適用されます。

それに対して、空家等対策の推進に関する特別措置法に基づき特定空家等に関して勧告（行政指導の範ちゅうに含まれます）をする際には、根拠は法律ですが、勧告をするのは自治体ですので、行政手続条例が適用されます。空き缶等及び吸い殻等の散乱の防止等に関する条例（いわゆるポイ捨て防止条例）に基づく行政指導や開発指導要綱に基づく開発行為に関する勧告（行政指導）をする際にも、行政指導をするのは自治体ですので、行政手続条例が適用されます。

なお、平成27年4月1日に、改正行政手続法が施行されています。この改正行政手続法では、新たに、「処分等の求め」という制度が創設されています。そして、ほとんどの自治体で行政手続法と同様の「処分等の求め」の規定を行政手続条例に新設しています。

「処分等の求め」とは、たとえば、違法な開発行為が行われている事実を発見した者が、それを止めさせる権限を有する行政庁に対して、停止命令や原状回復命令、あるいは行政指導を行うよう求めることができる制度で、求めを受けた行政庁は、必要な調査をして、その調査の結果、必要があると認めたときは、命令や行政指導を行うというものです。ただし、行政指導を求める場合には、行政指導の根拠が法律や条例にあるものでなければなりません。

「処分等の求め」は、関係者でなくても誰でもできますが、氏名（名称）、住所（居所）、法令に違反する事実の内容、違反している法令の条項などを書面に記載して提出する必要があります。

5　補助金を扱うときに守るルール　●補助金等適正化

補助金とは、一定の行政目的のために、資金を給付し、給付を受けた者がその資金を定められた用途に使用し、その行政目的が達成された場合には、返還しなくてよいというものです。当然のことですが、税金が原資ですので「公益上必要」であることが絶対の要件になります。

なお、補助金には、国から自治体へ交付されるもの、都道府県から市町村へ（自治体から自治体へ）交付されるもの、国や自治体から事業者や住民へ交付されるものがあります。その他、相手方が最初から特定されている補助金と公募のうえ審査して交付先を決定する補助金という区分や、直接補助（＝補助を受けた者が直接補助事業を行う）と間接補助（＝補助を受けた者がさらに他の事業者や住民が行う事業に補助を行う）という区分もあります。補助金はこの他にも様々な区分が可能ですが、先ほど述べた一定の行政目的をもって、自治体や事業者、住民の行動を誘導するために資金を給付するという点では共通しています。

補助金は、税金を原資として事業者や住民に金銭を交付するものですから、補助金の不正使用などの問題が生じないよう、様々な規制、制約が設けられています。その中で中心となる規範が、補助金等に係る予算の執行の適正化に関する法律と自治体の補助金等交付規則です（なお、一部の自治体では、規則ではなく条例で補助金等交付の手続を規定しています）。

補助金等交付規則には、たとえば、

- 補助金等の交付の申請
- 補助金等の交付の決定
- 補助金等の交付の条件
- 補助金等の交付決定の通知
- 補助金等の交付申請の取下げ
- 事情変更による決定の取消し
- 補助事業者による補助事業等の遂行
- 補助事業等の状況報告
- 補助事業等の遂行等の指示

・実績報告
・補助金等の額の確定
・是正のための措置
・補助金等の交付
・補助金等交付決定の取消し
・補助金等の返還
・加算金及び延滞金
・他の補助金等の一時停止
・理由の提示
・財産の処分の制限
・状況調査

といった補助金の交付申請、交付決定、無事に補助事業が終わった場合の実績報告、補助金の支払い、そして、補助事業の実施に問題があった場合の措置や補助金の返還といった補助金事務に関する一連の事項が規定されています。原則として、自治体職員は、自分の自治体の補助金等交付規則に定められた手続に従って補助金の交付事務を行わなければな

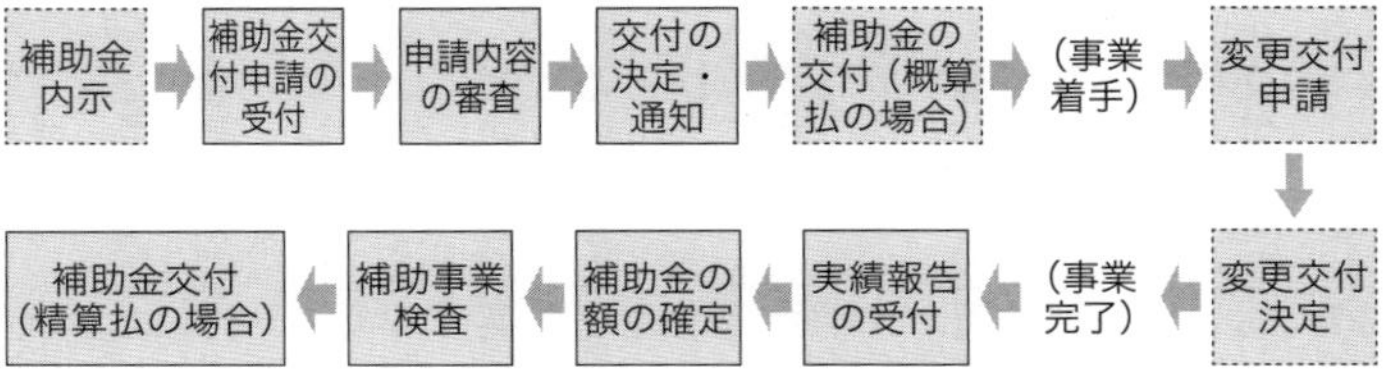

※点線の枠内の手続はない場合がある。

図表4－5　補助金交付事務の流れ

らず、そこで規定されている手続と異なる事務処理を行うことは許されません。まれに、補助金関係事務を担当しているにもかかわらず、補助金等交付規則の存在を知らないということがありますが、そのようなことのないよう注意してください。

なお、補助金によっては、例外的に条例などで別の手続を定めている場合があります。その場合は、そこで定められている手続に従って事務を処理しなければなりません。

これらの補助金の事務の流れを図示すると、図表4－5のようになります。

また、補助金実務におけるチェックポイントは、次のようになります。

・補助金の交付申請書が提出されたときは、それが所定の様式のものか、添付書類に漏れがないかを確認し、補助事業の内容が補助金交付要綱（130頁を参照）に沿ったものになっているか、補助対象でない経費が含まれていないか、補助率の適用を誤っていないかなどを審査します。

・補助金を交付することが適当だと判断したときは、補助金の交付決定をします。その際には、交付決定の額に誤りがないか、予算の範囲内に収まっているか、必要な交付条件は付しているか、などに注意します。

・補助事業が実施されている間は、交付決定に沿った事業が行われているかを検査し、あるいは報告を受けます。

・検査などにより、補助事業者が交付決定の内容や条件に違反して事業を実施していることが判明した場合は、是正の指示を行い、その指示に従わない場合は、交付決定の取消しを行い、すでに補助金を交付している場合は、補助金を返還させます。

・補助金を返還させる際には、通常は、補助金を交付した日から返還日までの日数に応じた加算金を納付させます。また、補助金を期限までに返還しないときは、延滞金も納付させることになります。

・交付決定取消しのような問題が生じず、無事に補助事業が終了した場合は、補助事業者に実績報告書を提出させ、提出された実績報告書が所定の様式のものか、添付書類に漏れがないかを確認し、必要に応じて現地検査なども行います。
・これらの確認や検査で、補助事業の成果が交付決定の内容や条件に沿ったものになっているか、実績額など実績報告書の内容に誤りがないかを調査し、補助事業が適正に行われたことが確認できれば、交付すべき補助金の額を確定し、補助事業者に通知するとともに、補助金を交付します。
・なお、補助金交付後であっても、補助事業が交付決定の内容や条件に違反していることが判明した場合には、交付決定を取り消して補助金を返還させ、通常は、加算金（や延滞金）を納付させます。
・補助金によって補助事業者が取得し、あるいは効用の増加した財産については、補助事業者は、その財産の耐用年数が経過するまでは勝手に売却するなどの処分はできないという条件が付されていることが通例ですので、補助金交付後年数が経過していても、そのような制限を付していることに留意する必要があります。

さらに、国の補助金が関係する場合には、自分の自治体の補助金等交付規則等だけでなく、補助金等に係る予算の執行の適正化に関する法律も適用されますので、この法律にも目を通しておく必要があります。

このように、補助金の交付決定など補助金関係の起案を行う際には、具体的な補助対象事業や補助率などを定めた補助金交付要綱だけでなく、関係する法律や規則なども確認する必要があります。

6 契約のときに守るルール ●契約規則等

自治体が契約を結ぶ際にも、様々な制約が設けられています。主に、地方自治法、地方自治法施行令、各自治体が定めている契約規則などがその制約に当たります。

たとえば、地方自治法、地方自治法施行令では、契約の締結の方法、入札の手続や随意契約によることができる場合、契約の履行の確保、契約保証金、長期継続契約を締結することができる場合といったことが定められています。

また、各自治体の契約規則や財務規則では、契約事務の実施細目が定められています。たとえば、次のような事項です。
・一般競争入札の参加者の資格

・一般競争入札の公告手続
・指名競争入札の指名基準や指命手続
・入札保証金の取扱いや落札者決定の手続
・随意契約ができる契約の種類や額
・競り売りの手続
・契約書に記載すべき事項
・契約保証金の取扱い
・契約解除の場合の損害賠償
・監督職員、検査職員の職務

その他、工事請負契約については、別に建設工事執行規則が定められていることもあります。

契約関係の起案を行う際には、これらの法令、例規について十分に理解したうえで行う必要があります。

7　他人の仕事に手出し不可　●組織規範

市町村長が勝手に知事の権限を行使する、知事や市町村長が勝手に教育委員会の権限を行使する、といったことが許されないことに疑義はないでしょう。つまり、行政機関は、それぞれ法令に定められた範囲内でしか事務を処理することはできないということです。たとえば、同じ市の職員であっても、保健所に属する職員は、保健所の事務を処理できますが、税務事務所の事務を処理することはできませんし、○○という地域を所管区域にしている税務事務所の徴税職員は、△△という別の地域については徴税権限を行使できません。また、原則として、○局に属する職員が△局の所掌事務を処理する、あるいは□課に属する職員が×課の所掌事務を処理するといったこともできません。

さらに、自治体は地域の事務を処理することとされていますので、国防や外交などの国の専管事務は処理できないと考えられています。ただ、外交といっても、自治体による外国との文化交流や姉妹都市提携、国際会議への出席といった経済面、文化面における国際活動は、自治体外交と呼ばれ、自治体の事務として一般的に認知されています。このように、国の専管事務と自治体の事務との境界は多分に流動的な面があります。

話が少しそれましたが、要するに、どの事務をどこの行政組織が行うのかは、法令、例規により定められており、別の行政組織の事務を勝手に処理することは認められていません。

このことは、ある職員の行為がその自治体の行為となるためには、その職員の属する部署の所掌事務の範囲内でその行為が行われることが前提になるということを意味しています。これは、権力的手法を用いる場合でも非権力的手法を用いる場合でも同様です。このような規範を組織規範と呼びます。

もう少し例を挙げると、ある政治家が原子力発電所の操業の停止を要請しても、それは単なる一私人としてのお願いであって行政指導になりませんが、その政治家が経済産業大臣として要請すると、それは行政指導となります。この違いは、経済産業省設置法によって経済産業大臣に原子力発電所に関する事務が分掌されていることにあります。

なお、注意してほしいのは、住民に対して優越的な立場から一方的に権利を制限し、義務を課するためには、組織規範だけでは足りず、必ず根拠規範が必要だということです。

8　議会を忘れずに　●議決事項

起案をする際の大事なこととして、議会の議決が必要かどうかのチェックがあります。市長などの決裁権者による決裁だけでなく、議会の議決を経なければいけないものがあるからです。

たとえば、公の施設（市立体育館など）の指定管理者を指定する場合や、一定額以上の庁舎の新築工事や小学校の耐震化工事、道路改良工事といった工事請負契約を締結する場合、貸付債権など自治体が持っている権利を放棄する場合、一定額以上の土地や建物といった財産を買い入れ、あるいは売り払おうとする場合、市営住宅の明渡しを求めるといった訴えを提起する場合、公用車の事故や道路管理の瑕疵により損害を与えたときの損害賠償額を決定する場合、市道路線の認定をする場合などは、あらかじめ議会の議決を経ておく必要があります。

議会の議決が必要な事項は、法律や条例で定められていますが、かなり多岐にわたっていますし、金額や面積の多寡によって議決が必要であったり不要であったりしますので、起案に際しては、前例を鵜呑みにせず、しっかりと確認をしてください。

なお、法律で議決事項とされているものであっても、たとえば、一定額以下の損害賠償額の決定や変更契約の締結といった軽易な事項については議決は不要と議会が判断していることがあります（いわゆる「180条専決」）。起案に際しては、その点も確認が必要です。

9 根拠は？手続は？なぜあなたが？ ●事務処理に際しての確認事項

ここまでのことを整理すると、起案は、次のような事項を確認して行うということになります。

第1に、地方自治法その他の組織規範に照らして、起案しようとしている内容が、国の仕事ではなく自治体の仕事なのか、他の行政機関ではなく自分の属する行政機関の仕事なのか、さらに、自分の属する局部課の仕事なのか、そうでないのか、そして、最後に事務分掌に照らして、自分の仕事なのか、他人の仕事なのか、を確認する必要があります。

第2に、その事務が、住民に対して優越的な立場から一方的に権利を制限し、義務を課

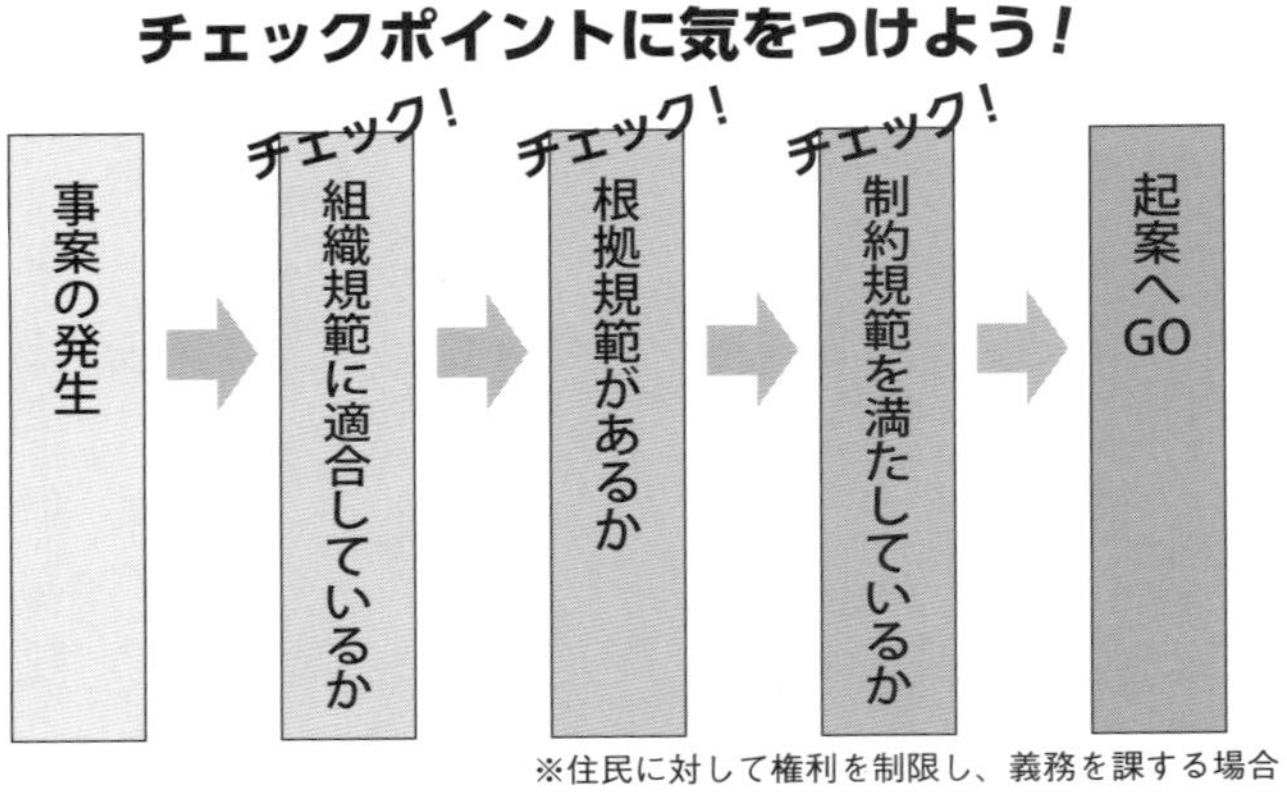

図表４－６　起案事務の確認事項

するものであるのか、そうでないのかを調べ、前者の場合には、法律や条例の規定（根拠規範）を確認します。その際には、その根拠規範が効力を有しているかどうかを確認する必要があります。法令、例規は、しばしば改正あるいは廃止されますので、古い法令集や事務処理要綱、マニュアルなどを鵜呑みにするのではなく、現行の法令、例規を確認しなければいけません。

第3に、事務の内容が許認可などの場合は行政手続法・条例、補助金関係の場合は補助金等に係る予算の執行の適正化に関する法律、補助金等交付規則、契約関係の場合は地方自治法・同施行令や契約規則、といった制約規範を調べ、そこに決められた手続に従っているかどうかを確認したうえで、起案を行う必要があります。法令、例規に定められた手続に従わずに行った事務処理は、たとえその内容が適切であっても、手続的瑕疵があるとして違法とされることもありますので、十分な注意が必要です（図表4－6）。

このように、起案文書を作成する際には、内容に応じて様々な法令、例規などを調べ、誤りがないようにしなければいけません。

第**2**節

許可すべきか、せざるべきか

起案時の判断基準

起案をする前に、まずは起案の内容を固めておく必要があります。つまり、許可申請に対して許可をするのかしないのか、補助金交付申請に対して交付決定するのかしないのか、といったことを判断しなければいけません。

ここでは、この判断にあたって参考になる事項について説明します。

1 結論に至る流れ ●判断過程

たとえば、事業者から開発許可の申請書が提出されたとします。

まず、申請者が法人であれば法人の名称や主たる事務所の所在地（個人であれば氏名や住所）が明確に記載されており、また、どのような開発をどこで行うのかといった、申請書に記載すべき事項がすべて記載されているかどうかについて確認をします。これがいわゆる形式的審査と呼ばれるものです。

そして、申請書が形式的な要件を満たしていれば、続いて実質的審査に入ります。実質的審査では、その開発行為が許可してよいものか、許可をしてはいけないものなのかについて判断をします。そのような判断の基準となるものとして、審査基準、処分基準、処理基準、技術的助言、判例、法の一般原則、裁量統制の基準などがあります。

2　許可申請があったときは　●審査基準

審査基準は、１２４頁で取り上げたように、申請により求められた処分をするかどうかをその法令の定めに従って判断するために定める基準ですので、起案の内容が許認可等であれば、起案者は、審査基準に沿った内容の起案を行うことになります。

3　改善命令を出すときは　●処分基準

いわゆる改善命令や許可取消しなどの不利益処分をする際の判断基準として定めるものが処分基準ですが、審査基準と異なり、その策定は、努力義務にとどめられています。これは、不利益処分の対象となる事案には多様なものが考えられ、また、相手方の情状酌量の余地などもあり、不利益処分の程度を画一的に定めることが困難なためです。

処分基準が定められている場合は、それに従った不利益処分の内容の起案を行うことになります。

4　法定受託事務のときは　●処理基準

処理基準は、処分基準と名称が似ていますが全く別ものですので注意してください。

処理基準とは、各省大臣が法定受託事務について定めるものです。起案しようとしている事務が法定受託事務の場合には、通常は、処理基準に沿った内容の起案を行うことになります。

なお、ここで、自治事務と法定受託事務について説明しておきます。自治体の事務には、大きく分けて自治事務と法定受託事務の区分があります。自治事務は、自治体が処理する事務のうち法定受託事務以外の事務をいいますので、法定受託事務の解説をします。

法定受託事務は、国が本来果たすべき役割に係るものであって、国においてその適正な処理を特に確保する必要があるものとして法律又はこれに基づく政令に特に定めるものをいいます。

受託という言葉が使われていますが、委託契約のように当事者双方の合意によって自治体が受託するという意味ではありません。法律又はこれに基づく政令によって、自治体の意思に関係なく、自治体が処理する自治体の事務とされているものです。

具体的には、地方自治法の別表に一覧がありますので参照してください。それによれば、２００以上の法令に法定受託事務が規定されています。

自治事務と法定受託事務の相違を整理すると、主に次の3点になります。

・法定受託事務には、前述した処理基準が定められ得るということ。
・法定受託事務の場合の審査請求は、市町村長がした行政処分については都道府県知事に対して、都道府県知事がした行政処分については各省大臣に対して行うことが認められているということ（自治事務の場合の審査請求は、市町村長がした行政処分については市町村長に対して、都道府県知事がした行政処分については都道府県知事に対して行う）。
・法定受託事務についての国（都道府県）からの関与の度合いが強いということ。

その他にも、訴訟の遂行についても自治事務と法定受託事務とで取扱いが異なるなどの相違があります。

5 しょせん助言です ●技術的助言

技術的助言は、処理基準と同様に国から示されるものですが、その名のとおり、国の自治体に対する助言にすぎません。したがって、処理基準と異なり技術的助言に沿った内容の起案を行う必要はありませんが、起案の内容を検討する際の参考にはなります。

また、この技術的助言を、自治体の主体的判断により審査基準として採用している場合もあります。

その他、行政実例や逐条〇〇、〇〇の解説、〇〇必携といった市販の解説書などがありますが、これらも、起案の内容を検討する際の参考にはなりますが、何の根拠にもならないことに留意してください。

6 裁判所の判断も視野に ●判例

同種の事案についての判例がある場合には、その判例の判断枠組みに沿った起案をします。しかし、同種の判例があることはまれですので、類似している事案の判例を収集し、それを検討して、裁判所により違法とされない内容の起案を行う必要があります。

判例は、日々大量に生産されています。そのうちの一部は、裁判所のウェブサイトに「裁判例情報」として公開されています。その他にも、判例に関する雑誌や判例データベースなどが市販されていますので、自分の自治体でこれらが購入されていないか確認をしてみてください。

起案に際して収集の対象となる判例は、通常、最高裁判所判例、高等裁判所判例、地方裁判所判例になります。

最高裁判所は、主に高等裁判所の判決に不服のあるときに申し立てる「上告」についての最終的な判断を下す終審裁判所ですので、その判決は非常に重要です。類似の事案で最高裁判所判例がある場合は、その判断枠組みに沿った起案の内容とすることが必要です。

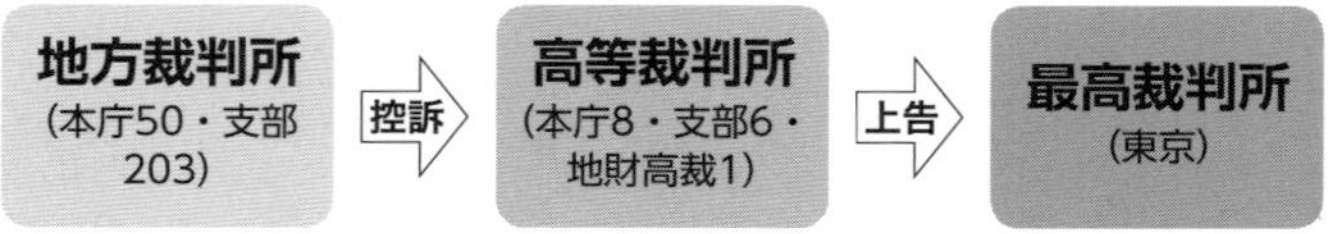

図表４－７　裁判所の組織

高等裁判所は、地方裁判所の判決に不服のあるときに申し立てる「控訴」についての裁判権を有しています。高等裁判所の判断が、最高裁判所で覆ることは滅多にありませんので、類似した事案について最高裁判所判例がない場合は、高等裁判所判例を参照します。

そして、最高裁判所判例や高等裁判所判例がない場合は、地方裁判所判例を参照します。ただ、地方裁判所の判断は、高等裁判所や最高裁判所で覆る可能性もありますので、その活用にあたっては注意が必要です（図表４－７）。

7　最後の頼み　●法の一般原則・裁量統制の基準

法令、例規の条文は、必ずしもすべての状況を想定して規定されているわけではありません。そのため、自治体の現場で実際に当てはめようとしても、なかなか上手くいかないことがあります。

それでも、これまでの前例や審査基準から見て明らかに問題がないと感じられるものについては、あまり悩むことなく、たとえば許可をすることができます。しかし、判断に迷うような限界事例については、許可すべきか、不許可にすべきか、あるいは、許可するときにどのような条件（附款）を付するべきか、また、問題事案が生じたときに、営業停止などの不利益処分をするのか否か、するとしたときにどのような処分をするのか（10日間の営業停止か、１か月の営業停止か）、といった判断の余地が生じ、どのような判断をすればよいのか自信が持てないことがあります。

本来は、そのような迷いが生じないよう、審査基準などを詳細に定めておけばよいのですが、社会に生起する現実は多様ですので、すべてを予測して事前に基準を定めておくことは不可能です。

そのため、起案者は、次に述べる法の一般原則や裁量統制の基準なども考慮しながら、法令、例規を解釈し、起案の内容を検討することになります。

○　信義則

信義誠実の原則ともいいます。近代社会における私的取引関係は、独立自由の個人の間で行われます。それは相互に相手方を信頼して初めて成り立ち得るものですので、信頼を裏切らないよう誠実に行動しなければならないという原則があり、この原則は行政関係についても妥当します。

たとえば、国外に居住地を移した被爆者の健康管理手当の受給権を失権扱いとする国の通達が違法とされ廃止されたことから、過去の未支給分の健康管理手当を支給することとなった際に、その一部の消滅時効を主張したところ、信義則に反し許されないとされた事件があります。

○ 権利濫用禁止の原則

形式的、外形的には適法な権限の行使と見えても、具体的な状況と実際の結果に照らしてみると、実質的には、権限の行使として妥当でないと判断される場合は、権利の濫用として認められないという原則です。

たとえば、児童遊園設置認可処分が、実際には、個室付浴場業の開業を阻止する目的でなされた場合は、たとえその児童遊園が設置基準に適合しているとしても、行政権の著しい濫用だとして、公権力の違法な行使に当たるとされた事件があります。

○ 比例原則

この原則は、ふたつに分けられます。ひとつは、必要性の原則です。これは、そもそも権限を行使する必要があるような事態が生じていなければ、当然ながらその権限は行使できないという原則です。

もうひとつは、目的と手段の比例の原則です。これは、権限を行使する必要がある場合であっても、その意図する目的を達成するのに必要な限りでの権限行使であるべきという原則で、目的達成のために同効果の手段が複数あるときは、過剰な規制となる手段は選択すべきではないという原則です。「雀を撃つのに大砲を使ってはならない」という法諺《ほうげん》が有名です。

たとえば、いわゆる転回禁止区域内で行った転回に対して、運転免許を取り消すという重い処分をしたことが、比例原則に違反し、著しく公正を欠く瑕疵《かし》ある行政処分とされた事件があります。その他にも、酒気帯び運転に対し、直ちに懲戒免職処分をすることは、均衡を失し、社会通念上著しく妥当性を欠いて苛酷であり、裁量権を付与した目的を逸脱し、これを濫用したものとして処分取消しが行われた事件もあります。

○ 平等原則

恣意的な差別的取扱いをしてはならないという原則です。ただ、外見上は不平等であっても、合理的な理由がある場合に異なった取扱いをすることは認められます。

たとえば、同性愛者の団体がした青年の家の宿泊利用申込みを教育委員会が不承認としたことについて、実質的に不当な差別的取扱いをしたものであり、法令の解釈適用を誤り、裁量権の範囲を逸脱した違法なものであるとして、損害賠償請求が一部認容された事件があります。

○　事実誤認

法が一定の事実の存在を前提ないし要件として裁量権を付与している場合に、誤った事実認識に基づいて権限を行使することは許されないというものです。

たとえば、教授会を妨害したとして公立大学の複数名の学生を退学処分としたところ、そのうちの1人について、そもそも教授会の場にいなかったとして、事実誤認を理由として退学処分が取り消された事件があります。その他にも、高校日本史教科書の検定において記述内容に対して全面削除を求めた修正意見が、検定当時の学説状況の認識等に看過しがたい過誤があるとして違法とされた事件があります。

○　他事考慮

本来考慮すべきことを考慮せず、あるいは不当に軽視し、また、本来考慮すべきでないことを考慮し、あるいは過大に重視してなされた判断による権限の行使は許されないというものです。

たとえば、道路拡幅事業について、オリンピック開催による一時的な交通量の増大を過大に評価し、日光の太郎杉の持つ文化的諸価値や環境の保全を不当に軽視したとして、事業認定が違法とされた事件があります。

コラム

法体系の複雑化と高度化

いま日本には、8、000近い法令があり、さらに47の都道府県、1、700以上の市町村が数百を超える条例、規則等をそれぞれの自治体ごとに制定しています。

そして、これらの法律、政令、府省令、条例、規則等は、相互に、分担、並列、上・下、原則・例外といった関係を張り巡らせて、密接に連関した法体系を構成しています。

さらに、国の法令数だけでも、この約15年間で一割以上も増加しています（総務省行政管理局の法令データ提供システムによる）。

このように、私たちを取り巻く法律の網の目は、非常

法令数の増加

	2016.6.1（A）	2002.3.1（B）	A－B
憲法・法律	1,955 法令	1,790 法令	165
政令・勅令	2,214 法令	1,862 法令	352
府令・省令	3,730 法令	3,434 法令	296
計	7,899 法令	7,086 法令	813

に精緻なものとなっています。

したがって、事務を適法かつ適切に執行していくためには、法令を読み解いて適切に運用する基礎的な法務能力が、自治体職員の標準装備となっているといっても過言ではないでしょう。

特に一般市や町村の自治体職員は、近年の基礎自治体への権限移譲の進展により、それ以前に比べ、許認可などの行政処分の起案を行うことが多くなっています。そのため、それに見合った法務能力の獲得が喫緊の課題となっています。

本書を足がかりに、法のジャングルに飛び込んでみましょう。

第5章

起案後

第1節

作ったら終わり！じゃない

起案文書が完成したら

ここからは、起案文書作成後の手続について述べていきます。

起案文書は、決裁を受けて初めて自治体としての正式な意思決定を示す文書になります。この決裁をする者を決裁権者と呼び、決裁を受けた起案文書を決裁文書と呼びます。たとえば、課長決裁の事案については、起案文書の決裁欄に課長のハンコをもらえば決裁は終了し、起案文書は決裁文書となり施行へ移ります。

施行とは、許可を例に挙げると、決裁後に上司による赤入れ（修正）を反映させた施行用の文書を作成し（浄書）、決裁を受けた文書と浄書した文書を照らし合わせて確認し（照合。校合ともいいます）、文書記号・番号を記載し、日付を入れて、公印を押印し発送（交付）することをいいます。

こうした施行が終了すると、起案文書であったものは完結文書となり、原課で一定期間保存された後、文書事務を所管する課（総務課や文書課など）に引き継がれ、そこで保存年限まで保管される保存文書となります。

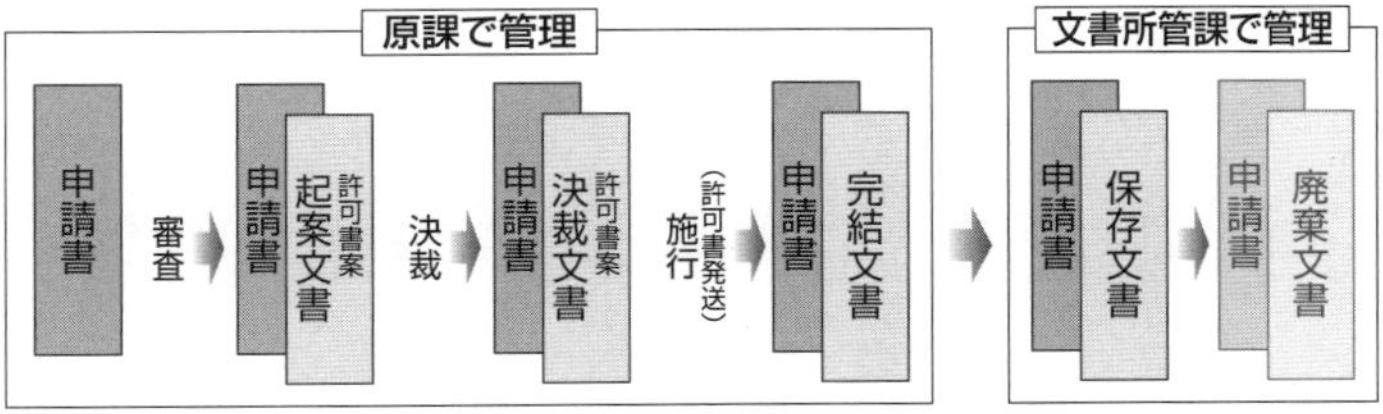

図表５－１　許可申請書の提出から文書廃棄までの流れ

そして、保存年限が終了すると、廃棄文書となり、歴史的文書として文書館などに引き継がれる文書を除き、最終的には廃棄されます（図表５－１）。

なお、保存年限は、それぞれの自治体で、許認可、条例・規則、争訟などの分類に応じて、永久や10年といった年限が定められています。

１　最後に誰が決断するのか　●専決と事務委任

自治体としての意思決定は、知事や市長といった首長が行います。しかし、大きな組織になればなるほど起案文書は日々大量に作成されるため、簡易なものまですべて首長が決裁することは不可能です。

このため、首長があらかじめ部長や課長の自己責任で判断してよいと認めている事務（許認可、事業の実施、税の賦課額や使用料などの請求額の決定などかなり多岐にわたっているのが通例です）について、常時首長に代わって決裁する専決という取扱いが行われています。

なお、専決に似て非なるものに事務の委任があります。専決と事務の委任は、首長以外の者が判断をしている点では同じですが、法的性質が全く異なります。

事務の委任では、委任により首長にある法令上の権限が受任者（一般的には支所長など）に移り、首長はその権限を失います。そして、受任者は自らの名で委任された権限を行使することになります。

したがって、受任者を対外的に明らかにするため、通常は、公布を要する法形式である規則（事務委任規則など）で、委任内容と受任者を規定しています。そして、委任が行われると文書の発出者名は受任者の職氏名となります。

それに対して、専決では、法律上の権限は移動しないため、誰が何を専決するかは首長の部下への職務命令である訓令（決裁規程など）で定めることが通例です。また、専決は、首長が、内部的に、首長以外の者が判断してよいと決めているだけですので、専決をした者が誰であれ、対外的には首長の名で文書を発信することが原則となります（ただし、重要性の低い文書や、受信者との関係などを考慮する必要がある文書は、首長以外の職名などを発出者名とすることもあります)。

どちらにせよ、どのような事案について誰の決裁を受けるのかは事務委任規則や決裁規程により定められていますので、漫然と前例に倣って決裁を受けるのではなく、その都度決裁権者を確認することが必要です。というのも、事務委任規則や決裁規程は結構な頻度で改正が行われるからです。

2 トップまでに誰のハンコが必要なのか ●回議・合議《あいぎ》・決裁

通常の決裁の流れは、起案者から順次上司に回して(回議といいます)承認を受け、最後に決裁権者の決裁を受けて終了します。

しかし、起案文書の内容によっては、他課等にも関連する場合があります。このため、他課等に起案文書を回して承認を求めることがあり、これを合議(「あいぎ」と読みます)といいます。合議は、組織内での横の連絡を図り、自治体としての意思統一や事務の円滑化を図るために行われています。合議の流れは、通常、文書管理規程などに定められています。

たとえば、広島県文書等管理規程では、図表５－２のように定めています。

（合議）
第23条　他の課に関係のある事案は、次の各号に定める方法により合議しなければならない。
一　本庁
　同一局内のものにあっては主務課長の意思決定を、他の局にわたるものにあっては主務局長（課長専決の場合にあっては、主務課長）の意思決定を経てから、当該関係課の原則として課長以上の職にある者に合議する。
二　地方機関
　同一地方機関内のものにあっては主務課長の意思決定を、他の地方機関にわたるものにあっては直属の地方機関の長（課長専決の場合にあっては、主務課長）の意思決定を経てから、当該関係課の原則として課長以上の職にある者に合議する。

図表５－２　合議の規定例
（広島県文書等管理規程（平成13年広島県訓令第５号））

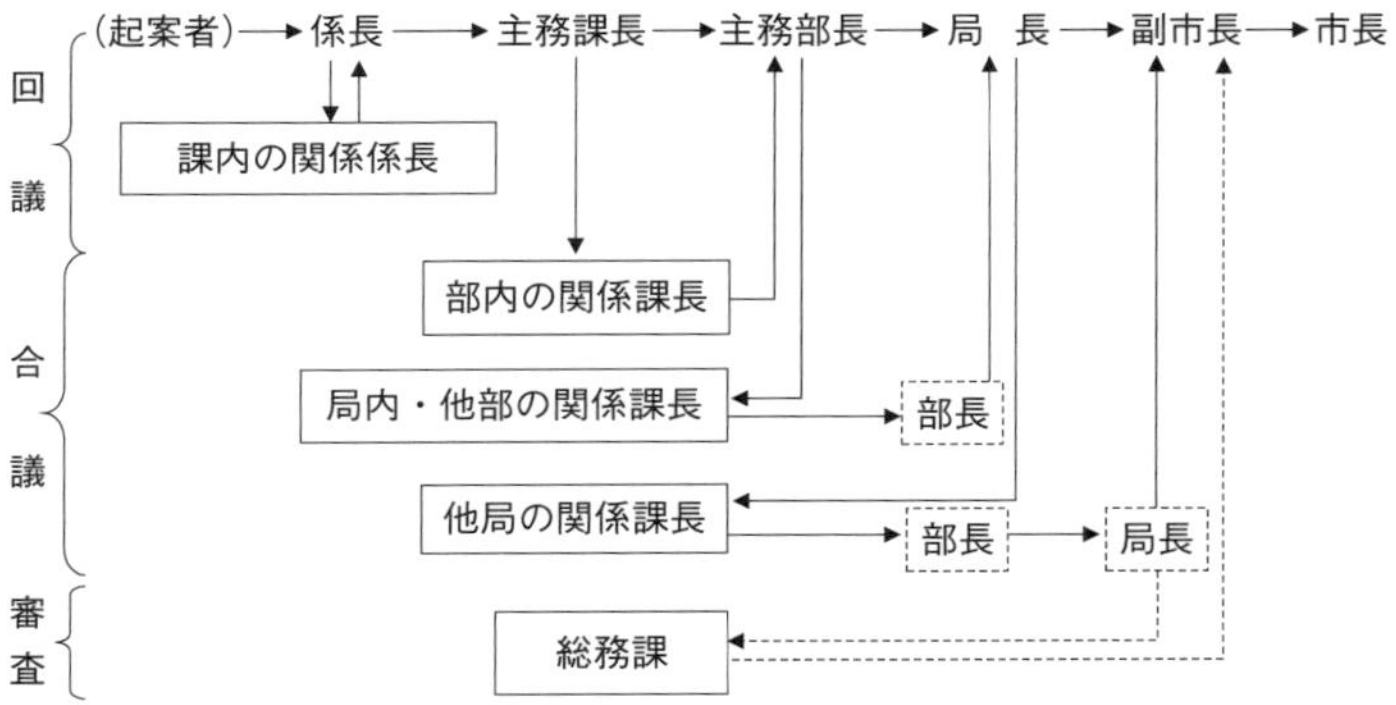

図表5－3　回議・合議・審査

また、自治体によっては、次のような議会や法務に深く関わる事案は、総務課の審査を要するとしているところもあります。

・条例案、規則案、告示案、公告案及び訓令案
・歳入歳出予算案を除く議案
・法令、例規の解釈に関する事案
・法律関係の設定及び変更に関する事案で、重要又は異例に属するもの
・行政上及び民事上の争訟に関する事案

図表5－3に回議・合議・審査の流れの一例を挙げておきます。

なお、合議については、ハンコを押す承認者が多すぎて、迅速な意思決定が図られず、責任の所在も不明確になるなどの批判もありますので、合議の範囲を広げすぎないよう注意が必要です。

3　慣れたら便利　●電子決裁

最近では、文書管理システムの導入に伴い、電子決裁を導入する自治体が増えています。電子決裁を利用するためには、起案文書のすべてが電磁的記録で構成されている必要がありますが、紙の文書についても、現在ではコピー機などのスキャナ機能を使って電子化することが可能です。したがって、ほとんどの起案は、電子決裁をすることが可能になっています。電子決裁については、次のような利点が強調されています（図表5－4）。

・以前作成した起案を活用しやすいこと。
・横断的な検索により自局部に前例のない起案であっても他局部の起案を参照して作成できること。
・文書検索の時間が節約できること。
・起案の承認状況を起案者が随時確認できること。
・ペーパーレス化により紙の使用量や紙文書の破棄に係るコストが縮減できること。
・紙文書の保管・保存スペースが削減できること。

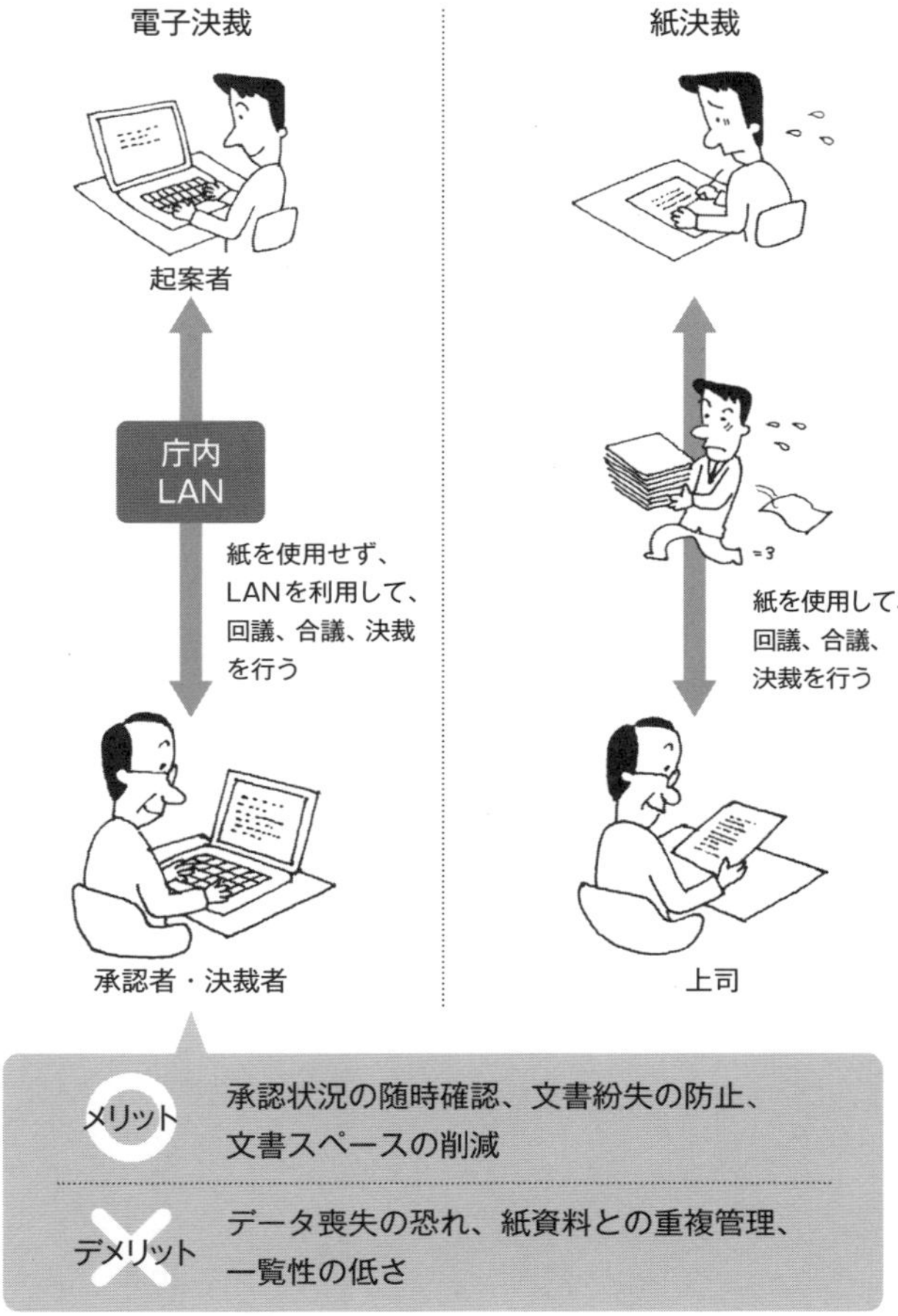

図表５－４　電子決裁と紙決裁

・文書の紛失を防げること。

電子決裁には、まだまだ改良の余地が残されていますが、電子化の流れは、これからますます進むと思われますので、積極的に利用していくことが必要です。さらに、文書の電子化により、保存スペースの問題が解消されることから、将来的には、文書の「保存年限」といった概念も失われていくのかもしれません。

第2節

ハンコをもらっても終わりじゃない
起案文書が決裁になったら

1 決裁になったら ●施行

起案が決裁になると、施行用の文書を作成し、その文書を特定の相手方に到達させる場合は発送の手続をとります。また、条例の制定、試験の案内などのように、知らせるべき相手方が広く一般の住民である場合は、公布や公告といった手続をとります。

このように、発送や公布することを施行といいます。たとえ決裁になっても施行されなければ、その決裁文書は、対外的には効力を生じません。

なお、法令、例規は、公布によって即日に施行される場合もありますが（その場合は、それぞれの法令、例規の附則で、「公布の日から施行する」と規定されます）、「平成○年○月○日から施行する」、「第○条の規定は平成○年○月○日から、第△条の規定は平成△年△月△日から施行する」と施行期日が定められ、その定められた日から公布された法令、例規の規定の効力が生じる場合もあります。

2　ポストへ投函　●発送

発送とは、郵送や使送《しそう》といった方法により、相手方に文書を送達することをいいます。郵送は、通常郵便物によるほか、速達、書留、配達証明、内容証明などのオプションがあり、それらを文書の内容や重要性に応じて選択します。

また、使送は、あまり聞き慣れない言葉ですが、職員が直接、相手先に文書を持参して送達する方法をいいます。

3　伝わらないと意味がない　●到達主義

通常、文書は、発送しただけでは効力は生じず、相手方に到達したときに効力が生じます（到達主義）。到達とは、相手方が了知し得るようにその勢力圏内に文書が入ることをいい、相手方がその文書を読んで中身を理解することまでは必要ありません。同居の親族や家族に手渡しても、到達となります。到達した事実を証明する必要があるときは、配達証明を使います。

なお、納税申告書の提出や契約の承諾などのように、例外的に発信したときに効力が生じる場合もあります。

また、発送の手続をとらずに、市役所や支所などで直接相手方へ手渡しする手交《しゅこう》という方法もあります。この場合は、相手方に手渡したときが効力の発生時点になります。

4 相手がいない ●公示送達

相手方の所在が不明で文書を到達させることができない場合には、一定期間の公示が行われると送達の効力が生じる公示送達という方法もあります。

公示送達は、通常、裁判所に申し立てて行いますが、行政不服審査法のように個別に公示送達の方法が定められている場合もあります（次頁図表5－5）。

公示送達の手続を経た文書は、相手方に到達したものとみなされます。

●●県告示第　　号

行政不服審査法（平成二十六年法律第六十八号）第五十一条第三項の規定によって、次のとおり公示送達する。

平成　年　月　日

●●県知事　氏　　名

一　送達を受けるべき者の住所及び氏名

審査請求人

旧住所　……

新住所　不明

氏　名　……

二　送達事項

審査請求人から平成　年　月　日付けで提起のあった……処分に対する審査請求について、●●県知事が決定した裁決書の謄本一通を●●県……局……課に保管し、いつでもこれを交付できるようにしてあるので、来庁の上、受領すること。

図表5－5　行政不服審査法に基づく公示送達の例

5 皆に知らせる パートI ●公布

公布は、法令、例規についての公告の方式で、成立した法令、例規を一般に周知させる目的で公示する行為です。

法令、例規は、国民や住民の権利義務に関わるものですから、その内容が国民や住民の知り得べき状態に置かれることが効力発生の前提条件となります。したがって、施行期日は個々の法令、例規により様々ですが、少なくとも公布されなければ、効力は生じません。

具体的には、法令は官報（独立行政法人国立印刷局が発行するもので、明治時代から発行されています）、例規はそれぞれの自治体の公告式条例により県報や市報に登載することにより行われます。小規模な市町村では、掲示により公布するところもあります。

6　皆に知らせる　パートⅡ　●公告・公示・告示

ここで、公告や公示、告示といった用語を説明しておきます。ただ、これらの用語は、必ずしも統一的な使い方が定められているものではありません。したがって、ここでは整理の方法の一例として説明します。

公告は、通常、ある事項を広く一般の人に知らせることを意味しています。そして、そのための方法として公布、告示、狭義の公告、狭義の公示があります。

公示は、一定の事柄を周知させるため、公衆が知ることのできる状態に置くことをいい、公告とほぼ同義と考えてよいのですが、国政選挙においては公示という言葉を特別な意味で使いますので注意が必要です。

告示は、通常、行政処分や重要な事項についての決定を一般に広く知らせる行為の「方式」を意味しますが（つまり、そこに記載されている内容とは関係のない概念です）、告示という形式の規範や文書を意味する場合もあります。

告示は、その法的性質に応じて、

・道路の供用開始処分や鳥獣保護区の指定のように、不特定多数の者の権利義務を一般的に拘束する一般処分としての性質を有する告示
・「学習指導要領」や公正取引委員会が定めている「不公正な取引方法」の告示のように、法令、例規の授権によりその内容を補充して一定の事項を定める立法の性質を有する告示
・行政指導要綱の告示などのように、住民の権利義務に直接関係はないが、その内容が実質上広く不特定多数の者に影響を与える性質を有する告示
・市町村合併の告示のように、一定の法的効果が生じる通知行為の性質を有する告示
・自治体の財政の健全性に関する比率の概要の公表のように、何ら法的効果を伴わない単に住民に知らせるという事実行為としての告示

の5つに分類する方法が代表的です。

狭義の公告の多くは、試験の実施や試験合格者のお知らせ、公聴会の開催のお知らせ、又は計画案の縦覧など、利害関係人が広範囲又は不特定であるときに、これらの者に対して権利行使・異議申出の機会を与えるために行われます。狭義の公示としては、最低賃金公示などがあります（次頁図表5－6）。

公示・公告

公布

※法律、政令、府省令、条例、規則など

告示・狭義の公示

※市町村合併、指定管理者の指定、議会招集、鳥獣保護区の指定、救急医療機関の認定、道路区域の決定、建設業者の許可取消し、景観指定地域の指定、最低賃金公示など

狭義の公告

※入札公告、破産公告、決算公告、試験の実施、合格者の発表、法定講習会の実施、景観指定地域の指定の案の縦覧など

図表5－6　公示・公告の区分の一例

なお、自治体によっては、一定の法的効果が生じる場合は「告示」とし、単なる事実行為の場合は「公告」としているところもあります。

コラム

地方分権の進展

かつて、自治体を国の下級行政機関と位置付ける機関委任事務という制度がありました。しかし、この制度が平成12年の地方分権改革で廃止された結果、自治体は、地域の行政課題に対応するため、自らの判断と責任で行政執行することができるようになりました。

さらに、平成23年には、いわゆる地域主権改革一括法により、義務付け・枠付けの見直しが行われました。この見直しによって、国の政省令に定められていた介護保険施設や児童福祉施設などの設備や人員配置、市町村道や公営住宅、都市公園などの公物の構造基準や整備基準を、自治体が地域の実情に合わせて条例で定めることができるようになりました。つまり、それまで各政省令に従って処理していた自治事務を、条例に従って処理することができるようになったのです。

こうした国による関与の緩和により、自治体が、独自の判断で権限を行使し、

さらには制度設計できる余地が拡大していま
す。

　このような地方分権の流れは今後も継続し
ていくと予想されます。したがって、自治体
職員は、これまでの意識を少しずつでも変え
ていき、これからは、制度やルールは国がつ
くり、自治体はそれに従って事務を執行する
と考えるのではなく、条例制定権や法令自主
解釈権を積極的に活用して地域の行政課題を
解決していこうという意識で職務に携わる必
要があります。

地方分権の深化

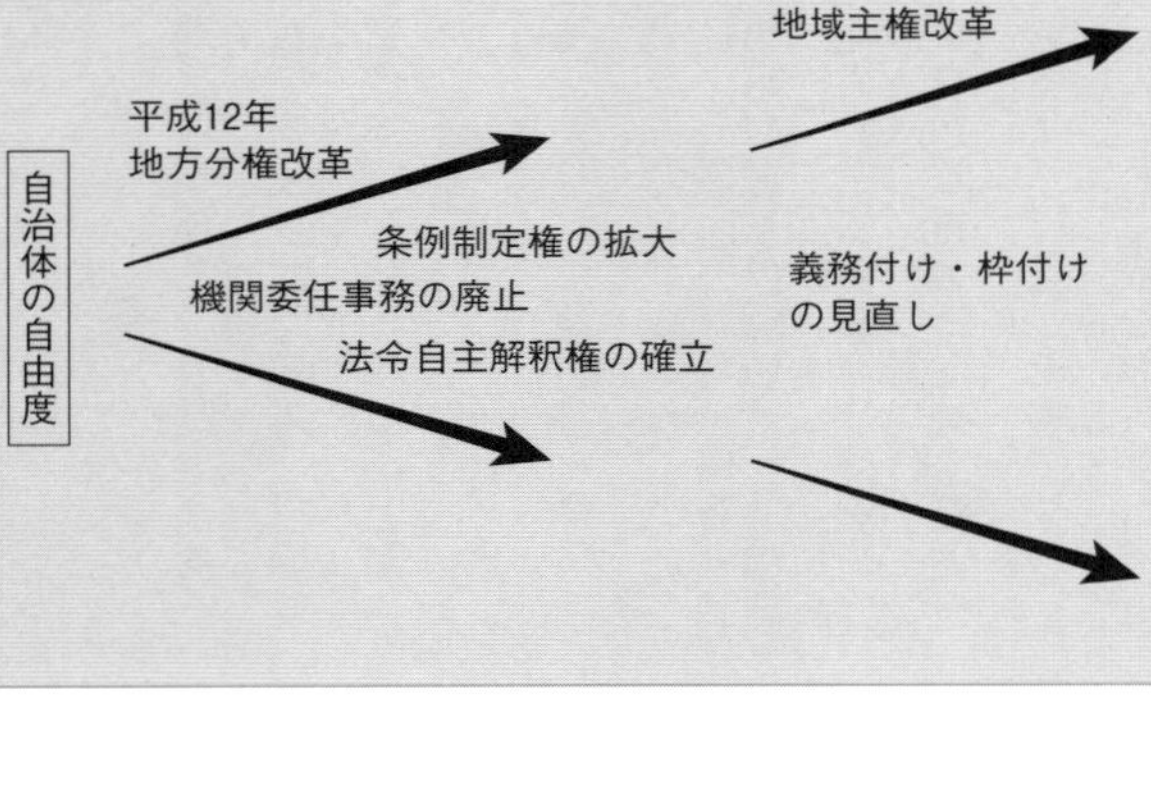

第6章

施行後

第1節

施行したら終わり！じゃないかも!?

施行後に予想される出来事

1　後から何かが起こる　●施行後の事務手続

条例制定や許認可、補助金の交付決定、契約の締結などの起案をし、決裁を受け、公布や発送などにより施行したからといって、一連の事務処理がすべて終わりになるわけではありません。続いて、それらの起案文書や関係資料などを保管する手続を行います。さらに、保管したからといって、完全にその事務が終了するわけではありません。

2　処分にもの申す！　●行政不服審査・行政訴訟

住民は、自治体に対して、次のような様々な要望、陳情、苦情、申請を行います。

・子育てに悩んでいる。

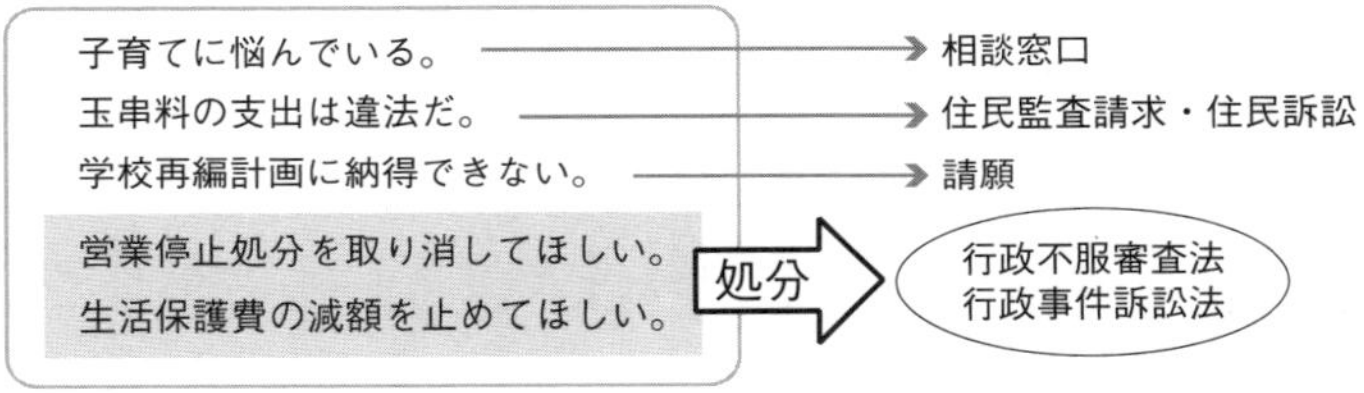

図表6－1　行政処分の見直しを求める制度

・玉串料を市が支出しているのはおかしい。
・学校再編計画に納得できない。
・営業停止処分を受けたが取り消してほしい。
・生活保護費の減額を止めてほしい。

　これらのうち、行政処分を受けた者が、その見直しを求める制度が、行政不服審査と行政事件訴訟です（図表6－1）。たとえば、申請に対して不許可とする行政処分をした場合には、その処分に不満を抱いた相手方あるいは第三者は、行政不服審査法による審査請求や行政事件訴訟法による訴訟を提起することができます。

　両者の違いは、行政不服審査法が行政に救済を求める手続であるのに対し、行政事件訴訟法は司法に救済を求める手続である点にあります。通常は、どちらの手続をとるかは、処分を受けた者が自由に選択することができ、また、両方選択することもできます。

行政処分は、それが行われる時点に着目して、事前手続と事後手続に区分することができます。行政不服審査法と行政事件訴訟法に基づく手続は、ともに、行政処分をした後に行われますので、事後手続になります。それに対し、行政処分をする前に行われる行政手続法・行政手続条例に基づく手続は、事前手続になります。このことを図示すると図表6－2のようになります。

なお、行政不服審査法に基づく手続は、同法が平成26年に全部改正されたため、大きく変わっています。

全部改正後の行政不服審査法では、審査請求は、行政処分をした行政庁（処分庁）に対して行われるものと、処分庁（たとえば市長）以外の行政庁（たとえば知事）に対して行われるものがあります。

どちらの場合も、審査請求を審理し、裁決を行う行政庁を審査庁といいます。処分庁が審査庁となる場合と処分庁以外の行政庁が審査庁となる場合の線引きは、行政不服審査法に規定されていますが、多くの例外が個別法に規定されていますので、注意が必要です。

審査庁は、審査請求を受けると、正当な理由なく審査請求期間を過ぎているなどその審査請求が不適法なものであれば「却下」（いわゆる門前払い）の裁決をします。却下裁決

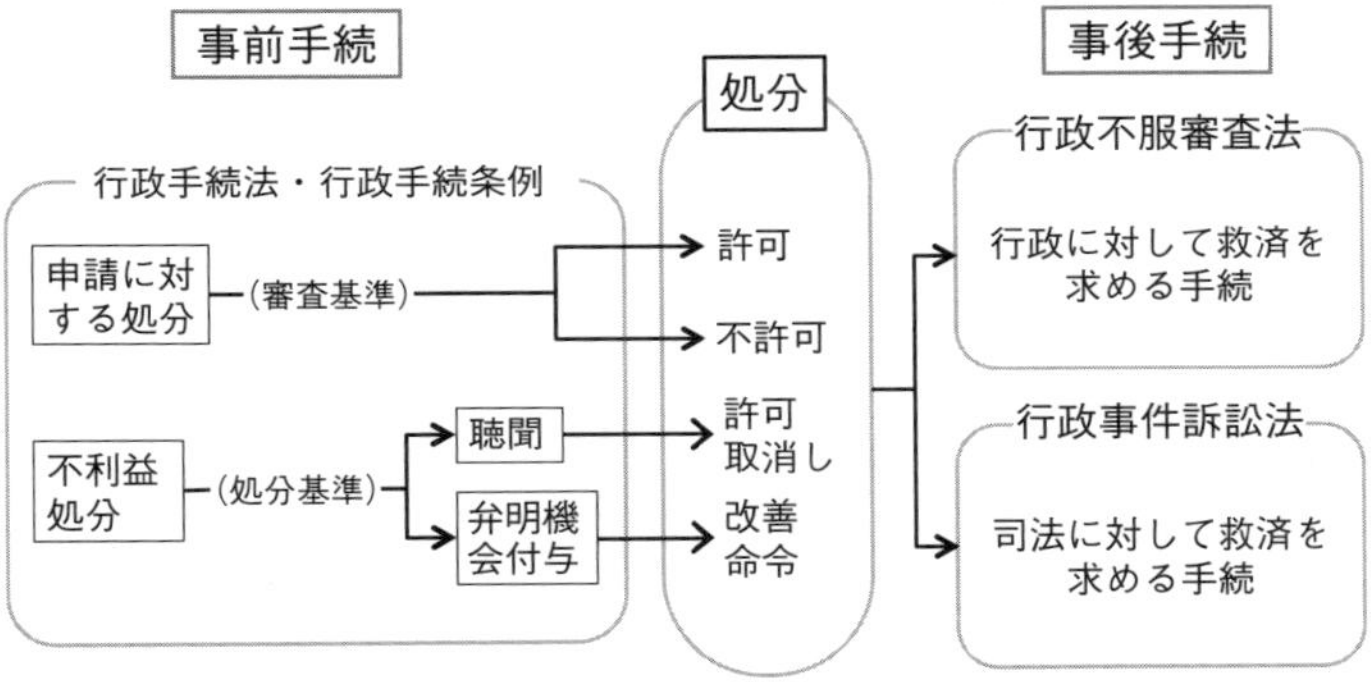

図表6－2　行政処分についての事前手続と事後手続

の場合は、審査請求の対象となっている行政処分などの適否は審査されません。

それに対し、審査請求が適法なものであれば、審査庁は、職員の中から審理員を指名します。審理員となった職員は、審査請求人と処分庁の主張を公正に審理するため、処分庁に対し処分をした理由や根拠などを記載した弁明書の提出を求め、審査請求人に対してそれへの反論書の提出を求めるなどします。そして、それらをもとに審理を行い、審査庁がすべき裁決に関する意見書（審理員意見書）を作成し、審査庁に提出します。

審査庁は、この審理員意見書を添えて新しく創設された行政不服審査会に諮問し、行政不服審査会は、客観的な立場から審査を行い、答申します。

審査庁は、審理員意見書や行政不服審査会の答中をもとに審査を行い、審査請求に理由がないと判断したときは「棄却」の裁決をし、審査請求に理由があると判断したときはその行政処分を取り消す「容認」の裁決をします。

また、行政事件訴訟は、裁判所へ行政処分の取消しなどを求める訴訟ですので、相手方と裁判で争うことになります。起案した者は、通常、訴訟を担当する指定代理人のひとりとして、知事や市長の代理で裁判所に出頭することになります。

3　裁判は他人事じゃない　●住民監査請求・住民訴訟

首長や職員が違法あるいは不当な補助金の支出や市有地の売却、契約の締結などをした場合や、違法あるいは不当に税金の徴収や債権の管理を怠るなどした場合に、その自治体の住民は、補助金の支出などを取りやめさせたり、徴収すべき税金を徴収させたり、あるいは、そのような支出や怠りによって自治体が被った損害を補てんするための必要な措置を講じるよう、監査委員に対して求めることができます。これを「住民監査請求」といいます。

そして、監査委員による監査結果に納得できない住民は、「住民訴訟」を提起して、そのような措置を講じるよう請求することができます。住民訴訟において、首長や職員の行為などが違法とされた例としては、次のようなものがあります。

・公有地の不法占有者が判明し、不法占有の範囲なども確定しているにもかかわらず、占用料の徴収を行わなかったことが、債権の管理を違法に怠っているとされた例
・公有施設の解体に伴う入居団体に対する移転補償額が高額であったとして、その支出が違法とされた例
・条例規定の「特別な事由がある場合」に該当するとして公の施設の使用料を免除したことが違法とされた例
・経営不振の第三セクターに発生した固定資産税延滞金について滞納処分をしていないことが、徴収を怠っているとして違法とされた例
・県に対するミニパトカーの寄附が、法令の規定に基づき経費の負担区分が定められている事務について自治体相互間における経費の負担区分をみだすようなことをしてはならないとする地方財政法の規定に違反しているとされた例

4 違反は許しません ●改善命令・罰則適用

次に、法令違反の事案のように、行政側が起点となって行う許可の取消しや改善命令などの行政処分を取り上げます。

通常、法令違反が軽微なものや不注意によるものなどの場合は、行政指導により違反状態が解消されることが多いので、まずは行政指導を行います。しかし、行政指導は、あくまでも相手方の任意の協力が前提となります。そのため、相手方が行政指導に従わない旨を明確にしている場合は、法令に適合するように作為義務を課する改善命令や措置命令、法令に違反する行為をやめるように不作為義務を課する停止命令などを発します。また、その違反者が、許可を受けた住民や事業者であった場合は、許可の取消しを行うこともあります。

その際には、個別法に特別の規定がない限り、行政手続法・条例の規定により、聴聞や弁明の機会の付与が求められますので注意が必要です。

さらに、相手方が改善命令などに従わない場合は、通常は個別法に行政罰が設けられていますので、捜査機関に対して告発することになります。

5　失われた信頼　●契約の解除

その他、業務委託などの契約後に、相手方が契約条項を守らないといった問題が生じることがあります。

この場合は、契約の内容や相手方の事情に応じて、契約条項を守るよう裁判所に訴えて強制的に履行させる、損害賠償を求める、あるいは契約を解除するといった手段をとることになります。

ただし、一方的に契約を解除することができるのは、法律の規定により認められた場合と、あらかじめ契約時などに一定の条件が生じたときは解除する旨約定していた場合に限られています。

なお、双方の話合いによって契約を解除する合意解除を行うこともあります。どちらにせよ、契約解除によって損害が生じている場合は、損害賠償を請求することになりますし、通常は、賠償額の予約として契約条項に違約金を定めています。

このように、許可や契約の締結といった起案をして施行しても、それで事務処理が終了するのではなく、その後も様々な状況の変化に対応して、様々な起案をし、事務を処理していくことになります。

第2節

訴状が届いたら
裁判所の構成と裁判手続

1 裁判の場とは ●裁判所

裁判所には、主に、簡易裁判所、地方裁判所、高等裁判所、最高裁判所があります。簡易裁判所は、訴訟の目的の価額が１４０万円を超えない請求（行政事件訴訟に係る請求を除きます）などの裁判権を有し、軽微な事件に対応しています。

地方裁判所、高等裁判所、最高裁判所については、第４章で述べたとおりです。

なお、最高裁判所への上告は、下級審の判決に憲法違反あるいは憲法解釈の誤りがある場合、最高裁判所の判例等と相反する判断がされている場合、裁判所の構成等に違法がある、あるいは判決理由に不備がある場合にのみ許されます。

2　裁判も様々　●裁判手続

裁判は、当事者の一方が訴訟を提起することによって始まります。

自治体が刑事事件の当事者になることはまずありませんので、通常は、民事訴訟か行政事件訴訟の原告となり、あるいは被告となります。

民事訴訟は、人（自然人）相互間の、あるいは人（自然人）と自治体も含めた法人との間の、あるいは法人相互間の民事上の法的紛争の解決を目的とする訴訟で、法的に対等な者の一方が他方に対して法的請求を行うものです。原告が被告に対する請求の訴えを提起することによって訴訟手続が始まります。

訴訟では、自治体が原告の場合もあれば、被告の場合もあります。自治体が原告となっている例としては、公営住宅の家賃を滞納した者に対して家賃を支払うよう訴える場合などがあります。また、自治体が被告となる例では、公共事業によって損害を受けた住民から訴えられる場合などがあります。

次に、行政事件訴訟は、公権力の違法な行使などによって自己の法的利益を侵害されたと考える者が、自治体を被告として処分の取消しや無効等確認の訴え、義務付けの訴えなどを提起する訴訟です。したがって、通常は、自治体が原告となって行政事件訴訟を起こすことはありません。

訴訟を進めていくために弁護士に委任するか否かは、当事者の選択に任されています。つまり、本人訴訟も可能です。たとえば、自治体によっては、公営住宅の滞納家賃の支払請求の訴えなどのような定型的で軽易なものは弁護士に委任せずに行っています。

しかし、複雑で専門的な法律問題が争点になるような裁判の場合は、弁護士に委任することが通例です。この委任を受けた弁護士を訴訟代理人といいます。

なお、自治体が被告あるいは原告となる場合は、首長が訴訟行為を行うことになりますが、実際には、首長が訴訟ごとに特定の職員を指定し、その職員に訴訟を担当させています。この職員を指定代理人といいます。

また、国の利害に関係のある訴訟については、自治体が被告になっている場合でも、法定受託事務については法務大臣の裁量により、それ以外の事務については自治体の要請により、法務大臣の指揮に基づいて、訟務検事が国側の利益を代弁して訴訟指揮をすることがあります。

3　判決まで　●訴訟の流れ

自治体が訴えられた場合の訴訟の流れを簡単に説明すると、次のようになります。

1　相手方による訴えの提起（原告が、裁判所に訴状を提出します）

2　裁判所による訴状の確認（請求の趣旨及び原因の記載の有無、手数料として収入印紙が貼付されているかどうかの確認を行い、訂正が必要な場合はその指導をし、問題がなければ受け付けます）

3　裁判官への事件の配てん（実際に事件を担当する裁判官（合議体で審理される事件については裁判長）を決めます）

4　裁判官による訴状の審査（訴状に不備があれば、原告に対して補正を命じます）

5　裁判官による口頭弁論期日の決定（原告と調整のうえ、口頭弁論期日を決めて、訴状を被告に送達します（特別郵便））

6　第1回口頭弁論（裁判官の指揮の下で公開の法廷で行われます。具体的な流れは、原告と被告が出頭して、事前に裁判所に提出した準備書面に基づいて主張を述べ、主

張を裏付けるために証拠を提出します）

7　複数回の口頭弁論を経ての判決の言い渡し（裁判官は、証拠調べを行った後、原告の請求が認められる、又は認められないとの心証を得たときは、口頭弁論を終結して判断を下します。判決書は、言い渡し後速やかに当事者双方に送達されます）

なお、訴訟手続は、訴えの取下げ、請求の放棄・認諾、裁判上の和解によっても終了します。

4　あたふたしないために　●訴訟が提起された際の注意事項

小規模な自治体では、めったに訴訟を提起されることはないでしょう。そのため、実際に訴状が送達された際には、あたふたするかもしれません。

しかし、口頭弁論期日までには、あまり時間がないことが通例ですので、速やかに、却下を求めるのか、棄却を求めるのか、どのような主張、立証をするのかといった応訴方針を固め、弁護士（訴訟代理人）を選任し、訴訟を担当する職員（指定代理人）を（できるだけ複数名）決め、事案が法定受託事務の場合は、法務大臣（法務局訟務部）や主務省庁への報告と協議調整を行う必要があります。

そのうえで、応訴方針の協議・確認、答弁書の作成・提出などについて弁護士と打合せをし、必要に応じて着手料の支払いを行います。

そして、答弁書提出期限までに訴訟委任状、指定代理人指定書、答弁書を、弁護士と調整のうえ（法定受託事務の場合は法務大臣の指示を受け、又は協議したうえ）裁判所へ提出し、口頭弁論期日に出廷します。この間、事案によっては、議会への情報提供やマスコミ対応なども生じます。

このように、訴状が送達された場合には様々な事務を速やかに処理する必要がありますので、漫然と訴状を放置することのないよう注意してください。

コラム

自治体職員の現状

これまでは、自治体職員が必要な文書の作成などの基礎的な実務能力を習得するための主な方法はＯＪＴ（On the Job Training：職場内での実務を通して上司や先輩から必要とされる知識や技能を身に付けさせる訓練方法）であり、それを研修が補ってきました。

しかし、ＯＪＴにより習得できる実務能力は、上司や先輩が習得した「かつて」の実務能力であり、必ずしも「いま」必要とされている実務能力ではないかもしれません。

また、新規採用の抑制や人員削減によって、ＯＪＴは以前のような効果を発揮できなくなったともいわれています。

加えて、仕事内容の高度化やＮＩＭＢＹ（Not In My Back Yard：必要だと分かっていても迷惑施設は自分の裏庭にはほしくないという地域住民の姿勢）に象徴される困難事案の増加もあって、ＯＪＴや研修だけでは、必要とされる実務能力を習得できる時代ではなくなってきました。

　さらに最近では、人口減少社会の到来や少子高齢化、住民の価値観の多様化といった社会環境の変化と、地方分権改革などによる自治体の権限の増大によって、実務能力だけでなく政策立案といった政策形成能力も求められる時代になっています。

　このため、ＯＪＴや研修に頼るだけでなく、職員自らが自学し、自主研究を行う必要性が高まっています。

自治体職員に求められる能力

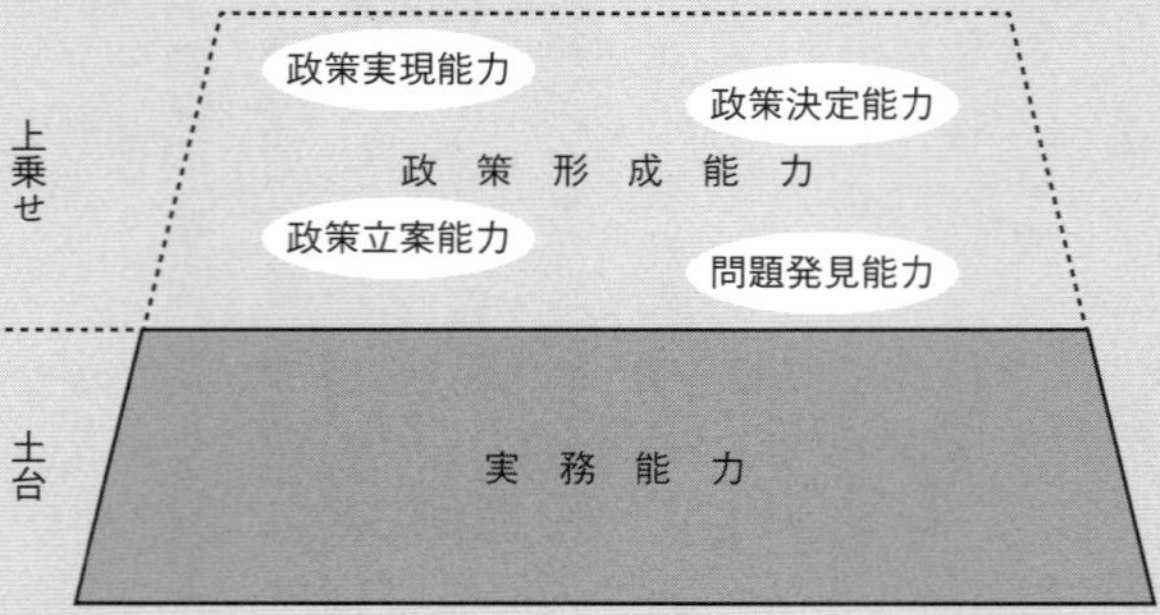

おわりに

皆さん、本書はいかがだったでしょうか。いささか欲張って、文書事務だけでなく法務にもテーマを広げているため、初心者には少しとっつきにくかったかもしれません。

しかし、最初から法律の教科書を読んでも、正直、難しくてよく分からないですし、だからといって、職場のマニュアルだけに頼ることも不安です。

本書は、そんな実務と理論との間を、少しでも橋渡しできればと思い、執筆しました。

「朝野群載《ちょうやぐんさい》」という平安時代の文書を集めた書には「可以公文優長人為目代事　諸國公文目代、必少優長。然則不論貴賤、唯以堪能人、可為目代。公文未練之者、勘済公文之時、并前後司分付之間、極以不便也。事畢之後、掻首無益」（巻22第38条）という記述があります。

これは、「公文書の処理能力に優れた人を代官にすべきである。諸国の公文書を取り扱う代官にその能力に優れた人は少ない。それゆえ、身分の貴賤に関係なく、能力本位で代官を選任しないと、重要な業務の執行に支障が生じる。問題が起こってから後悔しても遅い」という意味です。

このように、平安の昔から、行政職員の能力の要《かなめ》は、公文書の処理能力であるとされてきました。

また、現代日本は法治国家ですので、自治体職員には、広範な領域にわたる基礎的な法務能力が求められます。少なくとも「この事務処理の内容には、問題がある」、「この事務処理の方法は、違法ではないか」と疑問を感じる感性が必要です。

千里の道も一歩からというように、公文書の処理能力や法務能力は、一足飛びに身に付くものではありません。本書がそのような能力を身に付ける一助になれば幸いです。

２０１３年３月

著　者

澤　俊晴（さわ・としはる）
広島県職員。1972年広島市生まれ。1996年大阪大学大学院法学研究科博士前期課程修了（法学修士）。同年広島県入庁。2003年政策研究大学院大学修士課程終了（政策研究修士）。広島・島根地域の自治体職員による自主勉強会である「ひろしまね自治体法務研究会」代表。主な業績は、『都道府県条例と市町村条例』（慈学社、2007年）、『政策法務事典』（共著、ぎょうせい、2008年）、「条例による事務処理の特例制度と権限移譲（＃01）（＃02）（＃03）」『自治体法務ＮＡＶＩ』29号・30号・31号（第一法規、2009年６月・８月・10月）、「『自学』・『自主研究』をしてみよう！」『地方自治職員研修』45巻２号（公職研、2012年２月）、「同居親族要件の廃止に対応した公営住宅条例の改正」『議員ＮＡＶＩ』30号（第一法規、2012年３月）、「新行政不服審査法と自治体の審査体制」『自治実務セミナー』629号（第一法規、2014年11月）など。

**自治体職員のための文書起案ハンドブック
増補改訂版**

2013年４月20日　初版第１刷発行
2016年５月30日　初版第６刷発行
2016年10月25日　増補改訂版第１刷発行
2021年２月20日　増補改訂版第４刷発行

著　者　澤　俊晴

発行者　田中英弥

発行所　第一法規株式会社
〒107-8560　東京都港区南青山2-11-17
ホームページ　https://www.daiichihoki.co.jp/

自治体文書起案改　ISBN 978-4-474-05668-8　C0022 (9)